NELLY SACHS / GEDICHTE

NELLY SACHS
Wegweiser
ins Ungesicherte
GEDICHTE

MIT ARBEITEN AUF PAPIER
VON
GÜNTER TIEDEKEN

VERLAG DER KUNST DRESDEN

AUSGEWÄHLT VON ANDREA SIEGERT
UND GÜNTER TIEDEKEN
UND MIT EINEM NACHWORT VERSEHEN
VON ANDREA SIEGERT

IN DEN WOHNUNGEN DES TODES

Und wenn diese meine Haut
zerschlagen sein wird,
so werde ich ohne mein Fleisch
Gott schauen / HIOB

O DIE SCHORNSTEINE
Auf den sinnreich erdachten Wohnungen des Todes,
Als Israels Leib zog aufgelöst in Rauch
Durch die Luft –
Als Essenkehrer ihn ein Stern empfing
Der schwarz wurde
Oder war es ein Sonnenstrahl?

O die Schornsteine!
Freiheitswege für Jeremias und Hiobs Staub –
Wer erdachte euch und baute Stein auf Stein
Den Weg für Flüchtlinge aus Rauch?

O die Wohnungen des Todes,
Einladend hergerichtet
Für den Wirt des Hauses, der sonst Gast war –
O ihr Finger,
Die Eingangsschwelle legend
Wie ein Messer zwischen Leben und Tod –

O ihr Schornsteine,
O ihr Finger,
Und Israels Leib im Rauch durch die Luft!

IN DEN WOHNUNGEN DES TODES

WER ABER leerte den Sand aus euren Schuhen,
Als ihr zum Sterben aufstehen mußtet?
Den Sand, den Israel heimholte,
Seinen Wandersand?
Brennenden Sinaisand,
Mit den Kehlen von Nachtigallen vermischt,
Mit den Flügeln des Schmetterlings vermischt,
Mit dem Sehnsuchtsstaub der Schlangen vermischt,
Mit allem was abfiel von der Weisheit Salomos
    vermischt,
Mit dem Bitteren aus des Wermuts Geheimnis
    vermischt –

O ihr Finger,
Die ihr den Sand aus Totenschuhen leertet,
Morgen schon werdet ihr Staub sein
In den Schuhen Kommender!

Ehe es wächst,
lasse ich euch es erlauschen.
JESAIA

LANGE HABEN WIR das Lauschen verlernt!
Hatte Er uns gepflanzt einst zu lauschen
Wie Dünengras gepflanzt, am ewigen Meer,
Wollten wir wachsen auf feisten Triften,
Wie Salat im Hausgarten stehn.

Wenn wir auch Geschäfte haben,
Die weit fort führen
Von Seinem Licht,
Wenn wir auch das Wasser aus Röhren trinken,
Und erst sterbend naht
Unserem ewig dürstenden Mund –
Wenn wir auch auf einer Straße schreiten,
Darunter die Erde zum Schweigen gebracht wurde
Von einem Pflaster,
Verkaufen dürfen wir nicht unser Ohr,
O, nicht unser Ohr dürfen wir verkaufen.
Auch auf dem Markte,
Im Errechnen des Staubes,
Tat manch einer schnell einen Sprung
Auf der Sehnsucht Seil,
Weil er etwas hörte,
Aus dem Staube heraus tat er den Sprung
Und sättigte sein Ohr.
Preßt, o preßt an der Zerstörung Tag
An die Erde das lauschende Ohr,
Und ihr werdet hören, durch den Schlaf hindurch
Werdet ihr hören
Wie im Tode
Das Leben beginnt.

IN DEN

WOHNUNGEN

DES TODES

VIELLEICHT ABER braucht Gott die Sehnsucht,
　　wo sollte sonst sie auch bleiben,
Sie, die mit Küssen und Tränen und Seufzern füllt
　　die geheimnisvollen Räume der Luft –
Vielleicht ist sie das unsichtbare Erdreich, daraus
　　die glühenden Wurzeln der Sterne treiben –
Und die Strahlenstimme über die Felder der
　　Trennung, die zum Wiedersehn ruft?

O mein Geliebter, vielleicht hat unsere Liebe in den
　　Himmel der Sehnsucht schon Welten geboren –
Wie unser Atemzug, ein – und aus, baut eine
　　Wiege für Leben und Tod?
Sandkörner wir beide, dunkel vor Abschied, und in
　　das goldene Geheimnis der Geburten verloren,
Und vielleicht schon von kommenden Sternen,
　　Monden und Sonnen umloht.

IM MORGENGRAUEN,
Wenn ein Vogel das Erwachen übt –
Beginnt die Sehnsuchtsstunde allen Staubes
Den der Tod verließ.

O Stunde der Geburten,
Kreißend in Qualen, darin sich die erste Rippe
Eines neuen Menschen bildet.

Geliebter, die Sehnsucht deines Staubes
Zieht brausend durch mein Herz.

IN DEN
WOHNUNGEN
DES TODES

Ich sah, daß er sah.
JEHUDA ZWI

DEINE AUGEN, o du mein Geliebter,
Waren die Augen der Hindin,
Mit der Pupillen langen Regenbögen
Wie nach fortgezogenen Gottgewittern –
Bienenhaft hatten die Jahrtausende
Den Honig der Gottesnächte darin gesammelt,
Der Sinaifeuer letzte Funken –
O ihr durchsichtigen Türen
Zu den inneren Reichen,
Über denen soviel Wüstensand liegt,
Soviel Qualenmeilen zu o Ihm gehn –
O ihr erloschenen Augen,
Deren Seherkraft nun hinausgefallen ist
In die goldenen Überraschungen des Herrn,
Von denen wir nur die Träume wissen.

DIE TÄNZERIN   [D. H.]

Deine Füße wußten wenig von der Erde,
Sie wanderten auf einer Sarabande
Bis zum Rande –
Denn Sehnsucht war deine Gebärde.

Wo du schliefst, da schlief ein Schmetterling
Der Verwandlung sichtbarstes Zeichen,
Wie bald solltest du ihn erreichen –
Raupe und Puppe und schon ein Ding

In Gottes Hand.
Licht wird aus Sand.

CHOR

Wir aber sind, seitdem wir Erde waren
Getrieben schon von euch durch soviel Tod –
Bist du ein Band, gepflückt aus Totenhaaren
Geh ein zum Wunder, werde Brot.
Hier ist ein Buch, darin die Welten kreisen
Und das Geheimnis flüstert hinter einem Spalt –
Wirf es ins Feuer, Licht wird nicht verwaisen
Und Asche schläft sich neu zur Sterngestalt.
Und tragen wir der Menschenhände Siegel
Und ihre Augen-Blicke eingesenkt wie Raub –
So lest uns wie verkehrte Schrift im Spiegel
Erst totes Ding und dann den Menschenstaub.

CHOR DER GERETTETEN

Wir Geretteten,
Aus deren hohlem Gebein der Tod schon seine
    Flöten schnitt,
An deren Sehnen der Tod schon seinen Bogen
strich –
Unsere Leiber klagen noch nach
Mit ihrer verstümmelten Musik.
Wir Geretteten,
Immer noch hängen die Schlingen für unsere
Hälse gedreht
Vor uns in der blauen Luft –
Immer noch füllen sich die Stundenuhren mit
    unserem tropfenden Blut.
Wir Geretteten,
Immer noch essen an uns die Würmer der Angst.
Unser Gestirn ist vergraben im Staub.
Wir Geretteten
Bitten euch:
Zeigt uns langsam eure Sonne.
Führt uns von Stern zu Stern im Schritt.
Laßt uns das Leben leise wieder lernen.
Es könnte sonst eines Vogels Lied,
Das Füllen des Eimers am Brunnen
Unseren schlecht versiegelten Schmerz aufbrechen
    lassen
Und uns wegschäumen –
Wir bitten euch:
Zeigt uns noch nicht einen beißenden Hund –
Es könnte sein, es könnte sein
Daß wir zu Staub zerfallen –
Vor euren Augen zerfallen in Staub.

IN DEN
WOHNUNGEN
DES TODES

Was hält denn unsere Webe zusammen?
Wir odemlos gewordene,
Deren Seele zu Ihm floh aus der Mitternacht
Lange bevor man unseren Leib rettete
In die Arche des Augenblicks.
Wir Geretteten,
Wir drücken eure Hand,
Wir erkennen euer Auge –
Aber zusammen hält uns nur noch der Abschied,
Der Abschied im Staub
Hält uns mit euch zusammen.

CHOR DER WANDERNDEN

Wir Wandernde,
Unsere Wege ziehen wir als Gepäck hinter uns her –
Mit einem Fetzen des Landes darin wir Rast hielten
Sind wir bekleidet –
Aus dem Kochtopf der Sprache, die wir unter
Tränen erlernten,
Ernähren wir uns.

Wir Wandernde,
An jeder Wegkreuzung erwartet uns eine Tür
Dahinter das Reh, der waisenäugige Israel der
Tiere
In seine rauschenden Wälder verschwindet
Und die Lerche über den goldenen Äckern jauchzt.
Ein Meer von Einsamkeit steht mit uns still
Wo wir anklopfen.
O ihr Hüter mit flammenden Schwertern ausgerüstet,
Die Staubkörner unter unseren Wanderfüßen
Beginnen schon das Blut in unseren Enkeln zu treiben –
O wir Wandernde vor den Türen der Erde,
Vom Grüßen in die Ferne
Haben unsere Hüte schon Sterne angesteckt.
Wie Zollstöcke liegen unsere Leiber auf der Erde
Und messen den Horizont aus –
O wir Wandernde,
Kriechende Würmer für kommende Schuhe,
Unser Tod wird wie eine Schwelle liegen
Vor euren verschlossenen Türen!

IN DEN WOHNUNGEN DES TODES

CHOR DER STEINE

Wir Steine
Wenn einer uns hebt
Hebt er Urzeiten empor –
Wenn einer uns hebt
Hebt er den Garten Eden empor –
Wenn einer uns hebt
Hebt er Adam und Evas Erkenntnis empor
Und der Schlange staubessende Verführung.

Wenn einer uns hebt
Hebt er Billionen Erinnerungen in seiner Hand
Die sich nicht auflösen im Blute
Wie der Abend.
Denn Gedenksteine sind wir
Alles Sterben umfassend.

Ein Ranzen voll gelebten Lebens sind wir.
Wer uns hebt, hebt die hartgewordenen Gräber
    der Erde.
Ihr Jakobshäupter,
Die Wurzeln der Träume halten wir versteckt für euch,
Lassen die luftigen Engelsleitern
Wie Ranken eines Windenbeetes sprießen.

Wenn einer uns anrührt
Rührt er eine Klagemauer an.
Wie der Diamant zerschneidet eure Klage unsere Härte
Bis sie zerfällt und weiches Herz wird –
Während ihr versteint.
Wenn einer uns anrührt
Rührt er die Wegscheiden der Mitternacht an
Klingend von Geburt und Tod.

Wenn einer uns wirft –
Wirft er den Garten Eden –
Den Wein der Sterne –
Die Augen der Liebenden und allen Verrat –

Wenn einer uns wirft im Zorne
So wirft er Äonen gebrochener Herzen
Und seidener Schmetterlinge.

Hütet euch, hütet euch
Zu werfen im Zorne mit einem Stein –
Unser Gemisch ist ein vom Odem Durchblasenes.
Es erstarrte im Geheimnis
Aber kann erwachen an einem Kuß.

STERNVERDUNKELUNG

AUF DASS DIE VERFOLGTEN NICHT VERFOLGER WERDEN

Schritte –
In welchen Grotten der Echos
seid ihr bewahrt,
die ihr den Ohren einst weissagtet
kommenden Tod?

Schritte –
Nicht Vogelflug, noch Schau der Eingeweide,
noch der blutschwitzende Mars
gab des Orakels Todesauskunft mehr –
nur Schritte –

Schritte –
Urzeitspiel von Henker und Opfer,
Verfolger und Verfolgten,
Jäger und Gejagt –

Schritte
die die Zeit reißend machen
die Stunde mit Wölfen behängen,
dem Flüchtling die Flucht auslöschen
im Blute.

Schritte
die Zeit zählend mit Schreien, Seufzern,
Austritt des Blutes bis es gerinnt,
Todesschweiß zu Stunden häufend –

Schritte der Henker
über Schritten der Opfer,
Sekundenzeiger im Gang der Erde,
von welchem Schwarzmond schrecklich gezogen?

In der Musik der Sphären
wo schrillt euer Ton?

ABRAHAM

O du
aus dem mondversiegelten Ur,
der du im Sande der abtropfenden Sintfluthügel
die sausende Muschel
des Gottesgeheimnisses fandst –

O du
der du aus dem weinenden Sternbild Babylons
den Äon des lebenden Lebens hobst –
das Samenkorn des himmlischen Landmannes warfst
bis in den feurigen Abend des Heute darin die
     Ähre brennt.

O du
der aus Widderhörnern die neuen Jahrtausende
     geblasen
bis die Weltenecken sich bogen im Heimwehlaut –

O du
der die Sehnsucht an den Horizont der
    unsichtbaren Himmel
heftete
die Engel in die Länder der Nacht berief –
die Beete der Träume bereitete
für die Schar der sich übersteigenden Propheten –

O du
aus dessen ahnendem Blut
sich das Schmetterlingswort *Seele* entpuppte,
der auffliegende Wegweiser ins Ungesicherte hin –

O du
aus Chaldäas Sterndeuterhafen
unruhige Welle, die in unseren Adern
noch immer sucht voll Tränen ihr Meer.

O Abraham,
die Uhren aller Zeiten,
die sonnen-und monddurchleuchteten
hast du auf Ewigkeit gestellt –

O dein wunderbrennender Äon,
den wir mit unseren Leibern ans Ende bringen
    müssen –
dort, wo alle Reife hinfällt!

DANIEL, Daniel –
die Orte ihres Sterbens
sind in meinem Schlaf erwacht –
dort, wo ihre Qual mit dem Welken der Haut verging
haben die Steine die Wunde
ihrer abgebrochenen Zeit gewiesen –
haben sich die Bäume ausgerissen
die mit ihren Wurzeln
die Verwandlung des Staubes
zwischen Heute und Morgen fassen.

Sind die Verliese mit ihren erstickten Schreien
aufgebrochen,
die mit ihrer stummen Gewalt
den neuen Stern gebären helfen –
ist der Weg mit den Hieroglyphen ihrer Fußspuren
in meine Ohren gerieselt
wie in Stundenuhren,
die der Tod erst wendet.

O die gräberlosen Seufzer in der Luft,
die sich in unseren Atem schleichen –
Daniel, Daniel,
wo bist du schreckliches Traumlicht?
Der ungedeuteten Zeichen sind zu viele geworden –

O wir Quellenlose,
die wir keine Mündung mehr verstehn,
wenn sich das Samenkorn im Tode
des Lebens erinnert –

Daniel, Daniel,
vielleicht stehst du zwischen Leben und Tod
in der Küche, wo in deinem Schein
auf dem Tische liegt
der Fisch mit den ausgerissenen Purpurkiemen,
ein König des Schmerzes?

DAVID

Samuel sah
hinter der Blindenbinde des Horizontes –
Samuel sah –
im Entscheidungsbereich
wo die Gestirne entbrennen, versinken,
David den Hirten
durcheilt von Sphärenmusik.
Wie Bienen näherten sich ihm die Sterne
Honig ahnend –

Als die Männer ihn suchten
tanzte er, umraucht
von der Lämmer Schlummerwolle,
bis er stand
und sein Schatten auf einen Widder fiel –

Da hatte die Königszeit begonnen –
Aber im Mannesjahr
maß er, ein Vater der Dichter,
in Verzweiflung
die Entfernung zu Gott aus,
und baute der Psalmen Nachtherbergen
für die Wegwunden.

Sterbend hatte er mehr Verworfenes
dem Würmertod zu geben
als die Schar seiner Väter –
Denn von Gestalt zu Gestalt
weint sich der Engel im Menschen
tiefer in das Licht!

LAND ISRAEL,
deine Weite, ausgemessen einst
von deinen, den Horizont übersteigenden Heiligen.
Deine Morgenluft besprochen von den Erstlingen
    Gottes,
deine Berge, deine Büsche
aufgegangen im Flammenatem
des furchtbar nahegerückten Geheimnisses.

Land Israel,
erwählte Sternenstätte
für den himmlischen Kuß!

Land Israel,
nun wo dein vom Sterben angebranntes Volk
einzieht in deine Täler
und alle Echos den Erzvätersegen rufen
für die Rückkehrer,
ihnen kündend, wo im schattenlosen Licht
Elia mit dem Landmanne ging zusammen am Pfluge,
der Ysop im Garten wuchs
und schon an der Mauer des Paradieses –
wo die schmale Gasse gelaufen zwischen Hier
    und Dort
da, wo Er gab und nahm als Nachbar
und der Tod keines Erntewagens bedurfte.

Land Israel,
nun wo dein Volk
aus den Weltenecken verweint heimkommt
um die Psalmen Davids neu zu schreiben
    in deinen Sand
und das Feierabendwort *Vollbracht*
am Abend seiner Ernte singt –

steht vielleicht schon eine neue Ruth
in Armut ihre Lese haltend
am Scheidewege ihrer Wanderschaft.

DIE IHR in den Wüsten
verhüllte Quelladern sucht –
mit gebeugten Rücken
im Hochzeitslicht der Sonne lauscht –
Kinder einer neuen Einsamkeit mit Ihm –

Eure Fußspuren
treten die Sehnsucht hinaus
in die Meere aus Schlaf –
während euer Leib
des Schattens dunkles Blumenblatt auswirft
und auf neugeweihtem Land
das zeitmessende Zwiegespräch
zwischen Stern und Stern beginnt.

O MEINE MUTTER,
wir, die auf einem Waisenstern wohnen –
zu Ende seufzen die Seufzer derer
die in den Tod gestoßen wurden –
wie oft weicht unter deinen Schritten der Sand
und läßt dich allein –

In meinen Armen liegend
kostest du das Geheimnis
das Elia bereiste –
wo Schweigen redet
Geburt und Sterben geschieht
und die Elemente anders gemischt werden –

Meine Arme halten dich
wie ein hölzerner Wagen die Himmelfahrenden –
weinendes Holz, ausgebrochen
aus seinen vielen Verwandlungen –

O meine Rückkehrerin,
das Geheimnis verwachsen mit Vergessenheit –
höre ich doch ein Neues
in deiner zunehmenden Liebe!

WENN DER TAG leer wird
in der Dämmerung,
wenn die bilderlose Zeit beginnt,
die einsamen Stimmen sich verbinden –
die Tiere nichts als Jagende sind
oder gejagt –
die Blumen nur noch Duft –
wenn alles namenlos wird wie am Anfang –
gehst du unter die Katakomben der Zeit,
die sich auftun denen, die nahe am Ende sind –
dort wo die Herzkeime wachsen –
in die dunkle Innerlichkeit hinab
sinkst du –
schon am Tode vorbei
der nur ein windiger Durchgang ist –
und schlägst frierend vom Ausgang
deine Augen auf
in denen schon ein neuer Stern
seinen Abglanz gelassen hat –

WOHIN o wohin
du Weltall der Sehnsucht
das in der Raupe schon dunkel verzaubert
die Flügel spannt,
mit den Flossen der Fische
immer den Anfang beschreibt
in Wassertiefen, die
ein einziges Herz
ausmessen kann mit dem Senkblei
der Trauer.
Wohin o wohin
du Weltall der Sehnsucht
mit der Träume verlorenen Erdreichen
und der gesprengten Blutbahn des Leibes;
während die Seele zusammengefaltet wartet
auf ihre Neugeburt
unter dem Eis der Todesmaske.

Es heißt: die Gebote der Thora entsprechen der Zahl der Knochen des Menschen, ihre Verbote der Zahl der Adern. So deckt das ganze Gesetz den ganzen Menschenleib.

CHASSIDISCHE SCHRIFTEN

Alles ist Heil im Geheimnis
und das Wort lief aus
das atemverteilende Weltall,

schützt wie Masken mit seiner abgewandten Seite
die sternegebärende Nacht.

Alles ist Heil im Geheimnis
und lebendig aus der Quelle
wuchs die Sehnsucht

durch die Geschöpfe.
Namen bildeten sich
wie Teiche im Sand.

Alles ist Heil im Geheimnis
und die Knochen leben die magische Zahl der Gebote
und die Adern bluten sich zu Ende

wie Sonnenuntergang,
einmal übertretend die Gesetze im Schmerz.

STERN-
VERDUNKELUNG

Alles ist Heil im Geheimnis
und lebt aus der Erinnerung
und aus Vergessenheit graut der Tod.

Und die Bundeslade zog ihre Träger
über den Jordan, denn die Elemente trieben
geschwisterhaft die Segnung der Schrift!

Und das Herz der Steine,
flugsandangefüllt,
ist der Mitternächte Aufbewahrungsort
und der begrabenen Blitze Wohnstatt

Und Israel, der Horizontenkämpfer
schläft mit dem Sternensamen
und den schweren Träumen zu Gott!

ZUWEILEN wie Flammen
jagt es durch unseren Leib –
als wäre er verwoben noch mit der Gestirne
Anbeginn.

Wie langsam leuchten wir in Klarheit auf –

O nach wieviel Lichterjahren haben sich unsere
Hände gefaltet zur Bitte –
unsere Kniee sich gesenkt –
und aufgetan sich unsere Seele
zum Dank?

SCHMETTERLING

Welch schönes Jenseits
ist in deinen Staub gemalt.
Durch den Flammenkern der Erde,
durch ihre steinerne Schale
wurdest du gereicht,
Abschiedswebe in der Vergänglichkeiten Maß.

Schmetterling
aller Wesen gute Nacht!
Die Gewichte von Leben und Tod
senken sich mit deinen Flügeln
auf die Rose nieder
die mit dem heimwärts reifenden Licht welkt.

Welch schönes Jenseits
ist in deinen Staub gemalt.
Welch Königszeichen
im Geheimnis der Luft.

IM LANDE ISRAEL

Nicht Kampfgesänge will ich euch singen
Geschwister, Ausgesetzte vor den Türen der Welt.
Erben der Lichterlöser, die aus dem Sande
aufrissen die vergrabenen Strahlen
der Ewigkeit.
Die in ihren Händen hielten
funkelnde Gestirne als Siegestrophäen.

Nicht Kampflieder
will ich euch singen
Geliebte,
nur das Blut stillen
und die Tränen, die in Totenkammern gefrorenen,
auftauen.

Und die verlorenen Erinnerungen suchen
die durch die Erde weissagend duften
und auf dem Stein schlafen
darin die Beete der Träume wurzeln
und die Heimwehleiter
die den Tod übersteigt.

VÖLKER DER ERDE
ihr, die ihr euch mit der Kraft der unbekannten
Gestirne umwickelt wie Garnrollen,
die ihr näht und wieder auftrennt das Genähte,
die ihr in die Sprachverwirrung steigt
wie in Bienenkörbe,
um im Süßen zu stechen
und gestochen zu werden –

Völker der Erde,
zerstöret nicht das Weltall der Worte,
zerschneidet nicht mit den Messern des Hasses
den Laut, der mit dem Atem zugleich geboren wurde.

Völker der Erde,
O daß nicht Einer Tod meine, wenn er Leben sagt –
und nicht Einer Blut, wenn er Wiege spricht –

Völker der Erde,
lasset die Worte an ihrer Quelle,
denn sie sind es, die die Horizonte
in die wahren Himmel rücken können
und mit ihrer abgewandten Seite
wie eine Maske dahinter die Nacht gähnt
die Sterne gebären helfen –

UND NIEMAND WEISS WEITER

DAS IST DER FLÜCHTLINGE
    Planetenstunde.
Das ist der Flüchtlinge reißende Flucht
in die Fallsucht, den Tod!

Das ist der Sternfall aus magischer Verhaftung
der Schwelle, des Herdes, des Brots.

Das ist der schwarze Apfel der Erkenntnis,
die Angst! Erloschene Liebessonne
die raucht! Das ist die Blume der Eile,
schweißbetropft! Das sind die Jäger
aus Nichts, nur aus Flucht.

Das sind Gejagte, die ihre tödlichen Verstecke
in die Gräber tragen.

Das ist der Sand, erschrocken
mit Girlanden des Abschieds.
Das ist der Erde Vorstoß ins Freie,
ihr stockender Atem
in der Demut der Luft.

GEBOGEN DURCH JAHRTAUSENDE

Traumgebogen weit, weiter
sternenrückwärts in der Erinnerung,
schlafwassergefahren
durch gekrümmte Staubsäulen,
des Landes Kanaan heidnischen Sand küssend,
der anders gesiebt mit durstigen Göttern
doch Wüste mit Honig und Milchgeschmack.

Dieses Bündel Sonnengestrahle,
ein Riese legte es ab von der Schulter
und hinein
in Abrahams Laubhüttenhand.

Die zuckte golddurchstochen.

Und wieder ein Strahlenfinger,
hoch zeigend durch Bibelnacht
auf Tyrannenwort,
Rizpa,
das Muttergestirn,
gehorsam ihrer Herzader,
ließ Schakale abfallen
wie Mondwasser
von der Söhne über
den Tod verurteilten Leichenhaut.

Tiefer in Aschenzeit,
auch Antigone
siebte Freiheit
im Echo des Staubes –

In der Schattenecke
meergrau im Ysop
schnuppert der Esel,
blaugeträumt das Auge
vor Engelsentzücken.

Nachtverbunden lehnt Bileam
neben unbegriffner Sendung.

Klage, Klage, Klage
in Harfen, Weiden, Augen,
und Tempel nur noch im Feuer!

Israel, knisternde Fahne im Salz,
und die Flucht abgeschnitten
mit des Meeres weinendem Schwert
oder
im Angstschweiß vergraben
an einer Mauer, rauchend vor Jägerdurst.

Flucht, Flucht, Flucht,
Fluchtmeridiane verbunden
mit Gott-Sehnsuchts-Strichen –

Flucht aus den schwarzgebluteten Gestirnen
des Abschieds,
Flucht in die blitztapezierten
Herbergen des Wahnsinns,

Flucht, Flucht, Flucht
in den Gnadenstoß der Flucht
aus der zersprengten Blutbahn
kurzer Haltestelle –

IN DER BLAUEN FERNE,
wo die rote Apfelbaumallee wandert
mit himmelbesteigenden Wurzelfüßen,
wird die Sehnsucht destilliert
für Alle die im Tale leben.

Die Sonne, am Wegesrand liegend
mit Zauberstäben,
gebietet Halt den Reisenden.

Die bleiben stehn
im gläsernen Albtraum,
während die Grille fein kratzt
am Unsichtbaren

und der Stein seinen Staub
tanzend in Musik verwandelt.

BEREIT SIND alle Länder aufzustehn
von der Landkarte.
Abzuschütteln ihre Sternenhaut
die blauen Bündel ihrer Meere
auf dem Rücken zu knüpfen
ihre Berge mit den Feuerwurzeln
als Mützen auf die rauchenden Haare zu setzen.

Bereit das letzte Schwermutgewicht
im Koffer zu tragen, diese Schmetterlingspuppe,
auf deren Flügeln sie die Reise einmal
beenden werden.

CHASSIDIM TANZEN

Nacht weht
mit todentrißnen Fahnen

Schwarze Hüte
Gottes Blitz-Ableiter
rühren das Meer auf

wiegen es
wiegen es aus

werfen es an den Strand
dort wo das Licht
die schwarzen Wunden ausgeschnitten hat.

Auf der Zunge
wird die Welt geschmeckt
abgesungen
die atmet mit der Jenseitslunge.

Auf dem Sieben-Leuchter
beten die Plejaden –

In der Nacht,
im Tauchbad die vier Erzmütter
in Strahlen badeten mit seiner Mutter.
Dann empfing sie ihn aus des Maggids
Sternenkraft
CHASSIDISCHE
SCHRIFTEN

ABRAHAM der Engel!
Anders gehorcht er
und in schrecklichem Befehl,
wie mit Stricken geworfen durch die Nacht.

Und das Licht wie eine ausgerissene Palme
zerknüllt in der Hand.

Der Traum ist ihm gehorsam,
er durchbricht ihn –
ein Meteor der Sehnsucht –
und langt immer bei Gott an.

Kreist um sein Stück Ewigkeit
wie der Adler um die goldgefärbte Himmelsbeute.
Seine Blutbahn überschwemmt alles Gesagte,
er antwortet nicht auf den sorgenden Anruf der
      Erde.

Läßt die Geliebten allein,
silberne Schmuckstücke der Trauer.

*UND NIEMAND
WEISS WEITER*

Schweigt erzene Türen in die Luft
und reißt sie auf
mit einer Wunde als Wort.

Abraham der Engel!
Schrecklicher!
Im Geheimnis
nimmst du dein Tauchbad.

Deine Fußsohle ist immer an den Rand gestellt,
wo die Unsicherheit zu rauschen beginnt
und die Flügel für die Außer-sich-Geratenen liegen –

Den Tod biegst du aus seiner gläsernen Haut,
bis er bluterschrocken an dir
zur Rose wird
Gott zu Gefallen –

IMMER NOCH MITTERNACHT
    auf diesem Stern
und die Heerscharen des Schlafes.
Nur einige von den großen Verzweiflern
haben so geliebt,
daß der Nacht Granit aufsprang
vor ihres Blitzes weißschneidendem Geweih.

So Elia; wie ein Wald mit ausgerissenen Wurzeln
erhob er sich unter dem Wacholder,
schleifte, Aderlaß eines Volkes,
blutige Sehnsuchtsstücke hinter sich her,
immer den Engelfinger
wie einen Müdigkeit ansaugenden Mondstrahl
an seine Schwere geheftet,
Untiefen heimwärtsziehend –

Und Christus! An der Inbrunst Kreuz
nur geneigtes Haupt –
den Unterkiefer hängend,
mit dem Felsen:
Genug.

Vorspruch zu Abram im Salz

MUTTERWASSER
Sintflut
die ins Salz zog – Gerippe aus Sterben –
Erinnerungsstein
gesetzt
unter des Mondes Silbertreppe
in Ur
da wo das Blut der Nachtwandlerschar
zu Chaldäa
stürzte
durch die blaue Ader der Finsternis.

Da liest der Ausgräber
in der Bibel des Staubes
eingeküßtes Muster
königlich Gewebtes
und
sieht die Kette
golden
den Staub sonnen.

Der Hals der traulich
zwischen dem Geschmeide einging
in seine Nachtexistenz
ließ immer noch
nebelgraues Gedenken zurück.

Musizierende Gestirne
rauschten wie Wein
in Abram's Ohr

bis er rückwärts stürzte
abgerissen
getroffen
von einem Tod
der kein Tod ist –

Geheimnis
brach aus dem Geheimnis
SOHAR /
Schöpfungskapitel

DA SCHRIEB der Schreiber des Sohar
und öffnete der Worte Adernetz
und führte Blut von den Gestirnen ein,
die kreisten unsichtbar, und nur
von Sehnsucht angezündet.

Des Alphabetes Leiche hob sich aus dem Grab,
Buchstabenengel, uraltes Kristall,
mit Wassertropfen von der Schöpfung eingeschlossen,
die sangen – und man sah durch sie
Rubin und Hyazinth und Lapis schimmern,
als Stein noch weich war
und wie Blumen ausgesät.

Und, schwarzer Tiger, brüllte auf
die Nacht; und wälzte sich
und blutete mit Funken
die Wunde Tag.

Das Licht war schon ein Mund der schwieg,
nur eine Aura noch den Seelengott verriet.

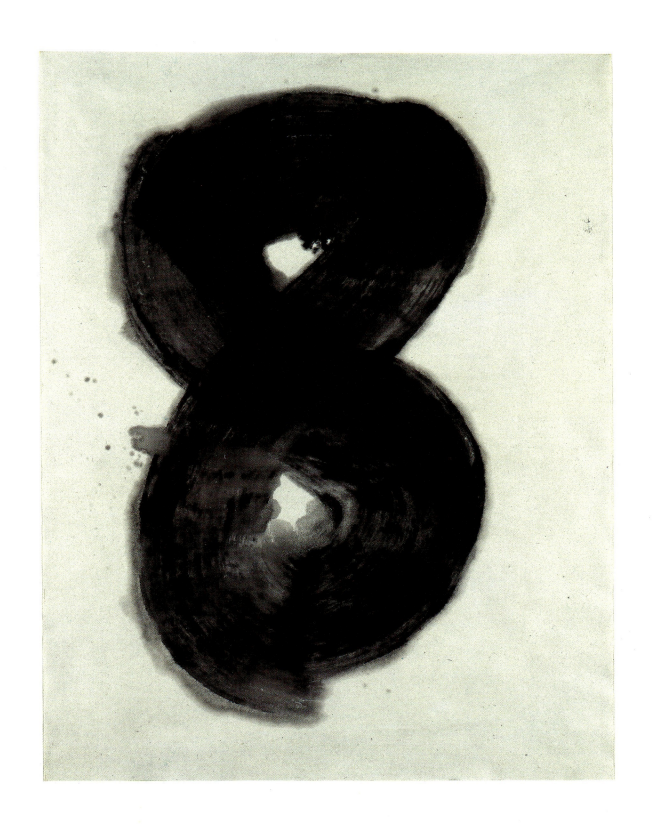

DIE STUNDE ZU ENDOR

Niemand weiß um die runde Leere in der Luft,
die keines Mundes Rosenblatt ausfüllt.
Dein Geheimnis,
mein Geheimnis
und das aus Ewigkeit
einer unsichtbaren Sonne Goldtopas.

Wohin zieht unsere Wirklichkeit aus?
Wohin die Gewitter des Blutes,
ihre Astraladern suchend?

Und Samuel sprach Abgeschiedenes
in der Stunde zu Endor.

Im Schrecken der Zaubernacht
liegt Sauls Gebetsrubin vergraben,
aller Mordgedanken Rubin,
aller verrenkten Leidenschaft Edelstein.

Und die kreisende Dämonin,
Gefängnisse ziehend aus Luft,
bis über die Grenze sich biegt
das klare Gesicht.

Und Samuel nahm Sauls Totenmaske ab,
handlos im Schwarzen.
Nur ein Haar – funkengeleckt –
soll übrigbleiben
vor David, dem Ewigkeitsblitz.

O, o überall Herde der Unrast todentzündet,
unsere Hinterlassenschaft an diesem Stern!
Gott, unser Entlarver, läßt sie schwelen
da und dort in der Verschwiegenheit.

Träume tragen Gewissenskleider,
Prophezeiungen in der Maske der Nacht.

Saul, der Jäger aus Schwermut,
verzehrt unter der schwarzen
      Angst-Feuer-Dornen-Krone,
will die Welt mit Fingern fangen,
aller Horizonte Rätselrinde zerbeißen,
den Knaben aus Sternmusik töten.

O die Stunde zu Endor!
Bezeugung der gekrümmten Jägerqual,
wo die Wunde der Begierde ihren Arzt findet,
aber nicht heilt. –

Heimliches Land,
nur aus Begegnungen mit den Toten geschaffen,
nur aus Atem bewegtes –

Rune der Sehnsucht,
Hahnenschrei des Verrats,
der Quelle urreine Wanderung durstgetrübt –
Wahnsinnige werden aus dem Zenit deiner Stille
      geboren,
sind geduldlos geworden
aus Heimweh –

Niemand weiß, ob der Weltenraum blutet
mit blitzenden Stigmata
an seiner unsterblichen Not

und das Herz zu Tode drückt,
jedes Herz zu Tode drückt.

Kranker König!
Umstellt von der Steine Totenmusik,
Tanzmaske flatternder Schatten im Blute.

Hingegeben an den Mond der Harfe,
Fliehender, verfolgt zu Gott!

Aus der Fruchtschale der Welt
griffst du die Tollkirsche,
die alle Himmel falsch anfärbt
Blut-Krause-Minze sät.

Deine Pulse, klirrend im Jagedurst,
alle Verfolger haben in deinen Augen
ihr Lager aufgeschlagen –
dein Opfer rinnt in keiner Träne aus.

Die Zauberin in der Küche,
die geheime Flüsterin,
mit den Pupillen toter Fische würfelnd,
diesen weißen Blindensteinen
aus Gott-Ferne geformt.

Sie unterbläst die Welt
mit dem schneidenden Hauch ihres Mundes:
die Sternkathedrale,
wurzelenthoben, stürzt auf die Knie,
Zeitsand in der Wüste
falschem Sonnenanbetergesicht.

Im schrecklichen Sturz aus Licht,
im Rosenquarz der Fleischvernichtung
Samuel kreist,
gewitternde Erinnerung –

O Saul – Gott-entlassen –

O beunruhigte Nacht,
Cherubim im zerfetzten Schwarzgefieder
diamantenbrennend –

Gerippe des Todes mit feurigen Wünschelruten,
königlichen Purpur schlagend.
Fledermäuse aus den Augenhöhlen,
Wahrsager im Atemzug der Luft,
Grabschrift im Schwefel der Morgendämmerung.

Horch die Stunde zu Endor!

Der kämpfenden Seele Sterbezelle!

Aufgerissen ist die Zeit,
diese Wunde vor Gott!

Angerührt ist der Wurm,
der gräbt lautlos das Ende –

O, o Musik aus zerfallenden Gerippen,
Finger an den opalnen Geräten des Sterbens
und der Meere geburtenverhüllter Schlaf –

Jonathan, selig gezeichnet
in Davids Liebesgewölk,
Arche der Abgeschiedenen,
im steinkohlenstarren Nachtgeschlecht verborgen –

Wind der Erlösung –

Auf der Sternenwaage gewogen
wiegt des Leidens
flammengekrümmter Wurm
Gott aus –

LANDSCAFT AUS SCHREIEN

In der Nacht, wo Sterben Genähtes zu trennen beginnt,
reißt die Landschaft aus Schreien
den schwarzen Verband auf,

Über Moria, dem Klippenabsturz zu Gott,
schwebt des Opfermessers Fahne
Abrahams Herz-Sohn-Schrei,
am großen Ohr der Bibel liegt er bewahrt.

O die Hieroglyphen aus Schreien,
an die Tod-Eingangstür gezeichnet.

Wundkorallen aus zerbrochenen Kehlenflöten.

O, o Hände mit Angstpflanzenfinger,
eingegraben in wildbäumende Mähnen Opferblutes –

Schreie, mit zerfetzten Kiefern der Fische verschlossen,
Weheranke der kleinsten Kinder
und der schluckenden Atemschleppe der Greise,

eingerissen in versengtes Azur mit brennenden
    Schweifen.
Zellen der Gefangenen, der Heiligen,
mit Albtraummuster der Kehlen tapezierte,

fiebernde Hölle in der Hundehütte des Wahnsinns
aus gefesselten Sprüngen –

Dies ist die Landschaft aus Schreien!
Himmelfahrt aus Schreien,
empor aus des Leibes Knochengittern,

Pfeile aus Schreien, erlöste
aus blutigen Köchern.

Hiobs Vier-Winde-Schrei
und der Schrei verborgen im Ölberg
wie ein von Ohnmacht übermanntes Insekt im Kristall.

O Messer aus Abendrot, in die Kehlen geworfen,
wo die Schlafbäume blutleckend aus der Erde fahren,
wo die Zeit wegfällt
an den Gerippen in Maidanek und Hiroshima.

Ascheschrei aus blindgequältem Seherauge –

O du blutendes Auge
in der zerfetzten Sonnenfinsternis
zum Gott-Trocknen aufgehängt
im Weltall –

NACHDEM DU aufbrachst
Loch des Schweigens gähnt
Grab – darin einer Nachtwache Wandlung
schon ohne Ränder
Kuß in die Anfänge –

Die Welt aus deinen Augen fiel
Blind-Ball
rollend
in das Muschelnest der Zeit –

Unter dem Wasser spricht jemand deine Musik
im Luftzug wird Neues gemessen –

kopflose Schatten stürzen
zur Nachtversammlung.

Verschlossenes wetterleuchtet
durch die Tür

weißer Zügel
aus ungesprochenem Wortgespann.

ICH HABE DICH wiedergesehn,
Rauch hat dich gezeichnet,
den Mantel der Verpuppung
aus sterbender Substanz
warfst du ab,
eine untergegangene Sonne,
am Faden deiner Liebe
leuchtete die Nacht auf,
die sich hob
wie einer Schwalbenschwinge
vorgefalteter Flug.
Ich habe einen Halm des Windes gefaßt,
eine Sternschnuppe hing daran –

FLUCHT UND VERWANDLUNG

DIES IST der dunkle Atem
von Sodom
und die Last
von Ninive
abgelegt
an der offenen Wunde
unserer Tür.

Dies ist die heilige Schrift
in Landsflucht
in den Himmel kletternd
mit allen Buchstaben,
die befiederte Seligkeit
in einer Honigwabe bergend.

Dies ist der schwarze Laokoon
an unser Augenlid geworfen
durchlöchernd Jahrtausende
der verrenkte Schmerzensbaum
sprießend in unserer Pupille.

Dies sind salzerstarrte Finger
tränentropfend im Gebet.

Dies ist Seine Meeresschleppe
zurückgezogen
in die rauschende Kapsel der Geheimnisse.

Dies ist unsere Ebbe
Wehegestirn
aus unserem zerfallenden Sand –

FLUCHT UND VERWANDLUNG

WIE LEICHT
wird Erde sein
nur eine Wolke Abendliebe
wenn als Musik erlöst
der Stein in Landsflucht zieht

und Felsen die
als Alp gehockt
auf Menschenbrust
Schwermutgewichte
aus den Adern sprengen.

Wie leicht
wird Erde sein
nur eine Wolke Abendliebe
wenn schwarzgeheizte Rache
vom Todesengel magnetisch
angezogen
an seinem Schneerock
kalt und still verendet.

Wie leicht
wird Erde sein
nur eine Wolke Abendliebe
wenn Sternenhaftes schwand
mit einem Rosenkuß
aus Nichts –

IN DER FLUCHT
welch großer Empfang
unterwegs –

Eingehüllt
in der Winde Tuch
Füße im Gebet des Sandes
der niemals Amen sagen kann
denn er muß
von der Flosse in den Flügel
und weiter –

Der kranke Schmetterling
weiß bald wieder vom Meer –
Dieser Stein
mit der Inschrift der Fliege
hat sich mir in die Hand gegeben –

An Stelle von Heimat
halte ich die Verwandlungen der Welt –

FLUCHT
UND
VERWANDLUNG

[für Simone Weil] ZWISCHEN
deinen Augenbrauen
steht deine Herkunft
eine Chiffre
aus der Vergessenheit des Sandes.

Du hast das Meerzeichen
hingebogen
verrenkt
im Schraubstock der Sehnsucht.

Du säst dich mit allen Sekundenkörnern
in das Unerhörte.

Die Auferstehungen
deiner unsichtbaren Frühlinge
sind in Tränen gebadet.

Der Himmel übt an dir
Zerbrechen.

Du bist in der Gnade.

ABER VIELLEICHT
haben wir
vor Irrtum Rauchende
doch ein wanderndes Weltall geschaffen
mit der Sprache des Atems?

Immer wieder die Fanfare
des Anfangs geblasen
das Sandkorn in Windeseile geprägt
bevor es wieder Licht ward
über der Geburtenknospe
des Embryos?

Und sind immer wieder
eingekreist
in deinen Bezirken
auch wenn wir nicht der Nacht gedenken
und der Tiefe des Meeres
mit Zähnen abbeißen
der Worte Sterngeäder.

Und bestellen doch deinen Acker
hinter dem Rücken des Todes.

Vielleicht sind die Umwege des Sündenfalles
wie der Meteore heimliche Fahnenfluchten
doch im Alphabet der Gewitter
eingezeichnet neben den Regenbögen –

Wer weiß auch
die Grade des Fruchtbarmachens
und wie die Saaten gebogen werden
aus fortgezehrten Erdreichen
für die saugenden Münder
des Lichts.

WIE VIELE HEIMATLÄNDER
spielen Karten in den Lüften
wenn der Flüchtling durchs Geheimnis geht

wie viel schlafende Musik
im Gehölz der Zweige
wo der Wind einsam
den Geburtenhelfer spielt.

Blitzgeöffnet
sät
Buchstaben-Springwurzelwald
in verschlingende Empfängnis
Gottes erstes Wort.

Schicksal zuckt
in den blutbefahrenen Meridianen einer Hand –

Alles endlos ist
und an Strahlen
einer Ferne aufgehängt –

ENDE
aber nur in einem Zimmer –
denn
über die Schulter mir schaut
nicht dein Gesicht
aber
wohnhaft in Luft
und Nichts
Maske aus Jenseits

und Anruf
Hof nur aus Segen herum
und nicht zu nah
an brennbarer Wirklichkeit

und Anruf wieder
und ich gefaltet eng und kriechend
in Verpuppung zurück
ohne Flügelzucken
und werde fein gesiebt
eine Braut
in den durstenden Sand –

SO RANN ICH aus dem Wort:

Ein Stück der Nacht
mit Armen ausgebreitet
nur eine Waage
Fluchten abzuwiegen
diese Sternenzeit
versenkt in Staub
mit den gesetzten Spuren.

Jetzt ist es spät.
Das Leichte geht aus mir
und auch das Schwere
die Schultern fahren schon
wie Wolken fort
Arme und Hände
ohne Traggebärde.

Tiefdunkel ist des Heimwehs Farbe immer

so nimmt die Nacht
mich wieder in Besitz.

FAHRT INS STAUBLOSE

WER
von der Erde kommt
Mond zu berühren
oder
anderes Himmelsmineral das blüht –
angeschossen
von Erinnerung
wird er hoch springen
vom explodierenden Sehnsuchtsstoff
denn
aus bemalter Erdennacht
aufgeflügelt sind seine Gebete
aus täglichen Vernichtungen
suchend die inneren Augenstraßen.

Krater und Trockenmeere
erfüllt von Tränen
durch sternige Stationen reisend
auf der Fahrt ins Staublose.

Überall die Erde
baut an ihren Heimwehkolonien.
Nicht zu landen
auf den Ozeanen des süchtigen Blutes
nur zu wiegen sich
in Lichtmusik aus Ebbe und Flut
nur zu wiegen sich
im Rhythmus des unverwundeten
Ewigkeitszeichen:
                          Leben – Tod –

FAHRT
INS
STAUBLOSE

MUND
saugend am Tod
und sternige Strahlen
mit den Geheimnissen des Blutes
fahren aus der Ader
daran Welt zur Tränke ging
und blühte

Sterben
bezieht seinen Standpunkt aus Schweigen
und das blicklose Auge
der aussichtslosen Staubverlassenheit
tritt über die Schwelle des Sehens
während das Drama der Zeit
eingesegnet wird
dicht hinter seinem eisigen Schweißtuch.

VERGEBENS
verbrennen die Briefe
in der Nacht der Nächte
auf dem Scheiterhaufen der Flucht
denn die Liebe windet sich aus ihrem Dornenstrauch
gestäupt im Martyrium
und beginnt schon mit Flammenzungen
ihren unsichtbaren Himmel zu küssen
wenn Nachtwache Finsternisse an die Wand wirft
und die Luft
zitternd vor Ahnungen
mit der Schlinge des anwehenden Verfolgers
betet:

Warte
bis die Buchstaben heimgekehrt sind
aus der lodernden Wüste
und gegessen von heiligen Mündern
Warte
bis die Geistergeologie der Liebe
aufgerissen
und ihre Zeitalter durch glüht
und leuchtend von seligen Fingerzeigen
wieder ihr Schöpfungswort fand:
da auf dem Papier
das sterbend singt:

Es war
am Anfang
        Es war
                Geliebter
                      Es war –

DER UMRISS

Dies ist übrig –
mit meiner Welt zogst du hinaus
Komet des Todes.
Übrig ist die Umarmung
der Leere
ein kreisender Ring
der seinen Finger verlor.

Wieder Schwärze
vor der Schöpfung
Trauergesetz.
Abgeblättert die leichtsinnige Vergoldung
der Nacht
die sich der Tag erlaubte.

Der Schatten Kalligraphie
als Nachlaß.

Grüngefärbte Landschaften
mit ihren wahrsagenden Gewässern
ertrunken
in den Sackgassen der Finsternis.

Bett, Stuhl und Tisch
schlichen auf Zehenspitzen aus dem Zimmer
dem Haar der Trennung nach –

Alles ist ausgewandert mit dir
mein ganzer Besitz enteignet –

nur trinkst du Geliebtestes mir
die Worte vom Atem
bis ich verstumme –

NOCH FEIERT TOD DAS LEBEN

DER VERSTEINERTE ENGEL
noch von Erinnerung träufend
von einem früheren Weltall
ohne Zeit
in der Frauenstation wandernd
im Bernsteinlicht
eingeschlossen mit dem Besuch einer Stimme
vorweltlich ohne Apfelbiß
singend im Morgenrot
vor Wahrheit –

Und die anderen kämmen die Haare vor Unglück
und weinen
wenn die Raben draußen
ihre Schwärze entfalten zur Mitternacht.

VOR MEINEM FENSTER
im Sande Stein – Moos – welkes Laub
und eine Schnur die der Trauervogel
mit dem Schnabel über Nacht
in immer neue Hieroglyphen zerlegt
und Spiegelglas schwarz durchkreuzt von Verrat –

Wie will diese Orestie
von wievielen verlorenen Vätern und Müttern
    geschrieben
und Söhnen mit Blutschuld beladen, in
    Verweslichkeit gebracht
gelesen werden?

Mit dem Leib wenn er schreibt im Sand
sagt eine Hand und
streicht mir über den Rücken
daß ich friere –

DIESE SCHNEEBLUME gestützt am Stab
der vor Heimweh mit ihr wandern muß
So schön entfaltete
achtundneunzig Jahre
saugend mit Schnalzen schon
Muttermilch Nacht

Blindsehend mit jenseitsblauem Blick
umwallt von der Minuten Schar
die noch ein- und auszuatmen sind
ein leichter Sterbefall um die verschleierte
ausgangbereite Braut –

SEHR LEISE im Kreislauf gleitet
die vom Saturn mit Melancholie Gekrönte
durch Milchstraßen der Fremdheit
wenn im Mund der übers Kreuz Gesegneten
die Buchstaben in kriegerischer Strategie
einander umbringen –

da hängt sie zwischen vergitterten Kranken
an einem Goldhaar des Sonnensystems
das weinende Lächeln im Schlafsaal der Nacht.

NOCH FEIERT DER TOD
das Leben in dir
Närrin in der Spirale der Eile
jeder Schritt weiter entfernt von den kindlichen Uhren
und näher und näher gefaßt vom Wind
dem Räuber der Sehnsucht –
Vor Ehrfurcht erheben sich Stühle und Betten
denn die Unruhe ist meerhaft geworden

und Türen –
der Schlüssel auf Abwehr gestellt
ändert die Richtung mit Einlaß nach draußen –

Die weißen Schwestern sterngebadet
vom Berühren der Zeichen aus Fremde
von ihm der die Adern hier speist
aus seiner unterirdischen Quelle des Durstes
daran die Visionen sich satt trinken müssen –

ANDERS GELEGT die Adern
schon in der Frühe des Mutterleibes
rückwärts buchstabiert deines Lichtes Geknospe
dann – in der Welt der Symbole mit großem Umweg
zurück in den Sand –
und mit Hämmern dein Herzschlag
auf die Schatten der Zeit
diese zerfetzten Glieder der Nächte –

Von den grünen Wiesen der Kindheit
unterm grabesduftenden Buchsbaum
rufst du heim
ein neues Alphabet in den Worten
Baumeister du und Gründer von Städten und
     Pflanzungen
von blutenden Weinbergen in den Malereien der Lüfte
eingezaubert in die Alchemie deines Auges –

Schwester – Schwester
mit dem Kartenspiel der Gesichte und
dem Ebenholzschrecken
und von der Flammentracht der Schergen belagert –
gegen Untergang senken sich deine Gebete
wenn die Koralle des Morgens verwaist –

UND DIE BLINDGEWORDENEN
    LEIBER
der Ausgestoßenen werden
stufenweis
von der Nacht an der Hand genommen
Nacht die ihr eigenes Dunkel überspringt
bis die
geschwisterlich Geführten
zunehmend an Gefährdung
in die Katakomben von Ur hinunterfallen
die begrabenen Schätze betastend
die glimmen im schwarzen Feuer der Leuchter
das wechselt mit weißem Wahrsagelicht
und wieder mit Rot dem Amen der Farben –

Aber die Heilung geschieht auf
neuem Weg
denn niemals kann Eingang
dasselbe wie Ausgang sein
wo Abschied und Wiederkunft
geschieden sind
durch die unheilbare Wunde des Lebens –

Und die Aura der Morgenfrühe
ist schon Antwort und Geschenk
einer anderen Nacht –

DIE URKUNDE vor mir aufgeschlagen
in den Stufen der Marmortreppe
die Buchstaben entworfen
in den Kiemen der zeitalternden Wasserwunder

Atem der war
versteinert
und nun wie auf Blitzen mit Füßen
niedergetreten
von uns Beladenen
die wir unwissend verschulden
vieler Minuten Tod –

Und dann
in der Bibel aufgebrochen
weissagend vom wandernden Geheimnis der Seele
und immer zeigend wie mit Fingern aus Gräbern
in die nächste Morgendämmerung –

NOCH FEIERT TOD
DAS LEBEN

UND WUNDERTÄTIG
ist der Geist der Luft
zieht auf den Embryo des Weltalls der
wandert frei in unserem Adernetz

Und in der Eichel übernächtig schon
das Schattenreich des Baumes sinnt
und auch Gesang
des Windes Eigentum das er verzehrt

Längst ist das Fliegen schon
dem innern Leib vertraut
er kennt die Sternenstraßen
wie den Staub zuhaus

Aus dem verworfenen Eckstein rinnt die Zeit
die sich am Herzen mißt
Das aber schlägt die Ferne furchtbar näher –

EINE NEGERIN LUGT – Nachtgeleucht –
aus dem Todkristall –

Überall Zweikampf –
Ein Hund läuft heulend aus der Welt –

Einer ist mit dem Zeichen seiner Angst
durch die Klagemauer gefahren –

Die Erde hat in ihrem Grab aus Feuer
ihr Steinkohlenantlitz gerunzelt –

Hilflos im Schlaf
schmerzt schon Erwachen –

Aber der schwarze Efeu der Lider
scheut noch das Licht –

NOCH FEIERT TOD
DAS LEBEN

HÄNGEND AM STRAUCH der Verzweiflung
und doch auswartend bis die Sage des Blühens
in ihre Wahrsagung tritt –

Zauberkundig
plötzlich der Weisdorn ist außer sich
vom Tod in das Leben geraten –

DIE GEKRÜMMTE LINIE des Leidens
nachtastend die göttlich entzündete Geometrie
des Weltalls
immer auf der Leuchtspur zu dir
und verdunkelt wieder in der Fallsucht
dieser Ungeduld ans Ende zu kommen –

Und hier in den vier Wänden nichts
als die malende Hand der Zeit
der Ewigkeit Embryo
mit dem Urlicht über dem Haupte
und das Herz der gefesselte Flüchtling
springend aus seiner Berufung: Wunde zu sein –

DIESE KETTE von Rätseln
um den Hals der Nacht gelegt
Königswort weit fort geschrieben
unlesbar
vielleicht in Kometenfahrt
wenn die aufgerissene Wunde des Himmels
schmerzt

da
in dem Bettler der Raum hat
und auf Knieen gehend
ausgemessen hat alle Landstraßen
mit seinem Leib

denn es muß ausgelitten werden
das Lesbare
und Sterben gelernt
im Geduldigsein –

GLÜHENDE RÄTSEL

DIESE NACHT
ging ich eine dunkle Nebenstraße
um die Ecke
Da legte sich mein Schatten
in meinen Arm
Dieses ermüdete Kleidungsstück
wollte getragen werden
und die Farbe Nichts sprach mich an:
Du bist jenseits!

AUF UND AB gehe ich
in der Stubenwärme
Die Irren im Korridor kreischen
mit den schwarzen Vögeln draußen
um die Zukunft
Unsere Wunden sprengen die böse Zeit
aber die Uhren gehen langsam –

LICHTERHELLE kehrt ein in den dunklen Vers
weht mit der Fahne Verstehn
Ich soll im Grauen suchen gehn
Finden ist woanders –

GLÜHENDE
RÄTSEL

DIESE TELEGRAFIE mißt mit der
　Mathematik à la satane
die empfindlich musizierenden Stellen
an meinem Leib aus
Ein Engel aus den Wünschen der Liebe erbaut
stirbt und aufersteht in den Buchstaben
in denen ich reise –

DIE BETTEN werden für die Schmerzen
     zurechtgemacht
Das Leinen ist ihre Vertraute
Sie kämpfen mit dem Erzengel
der niemals seine Unsichtbarkeit verläßt
Steinbeladener Atem sucht neue Wege ins Freie
aber der gekreuzigte Stern
fällt immer wieder wie Fallfrucht
auf ihr Schweißtuch –

WENN ICH die Stube beschützt mit Krankheit
verlassen werde – frei zum Leben – zum Sterben –
Luft mit dem Willkommenkuß
den Zwillingsmund tief beglückt
so weiß ich ja nicht
was mein Unsichtbares
nun mit mir anfangen wird –

SCHNELL IST DER TOD aus dem Blick
   geschafft
Die Elemente machen Aufruhr
doch die knospenden Sphären
drängen schon mit Auferstehung ein
und das Wortlose heilt den erkrankten Stern –

GESICHTE AUS DÄMMERUNG
Verlorenes der Toten
auch wir hinterlassen
unser Einsamstes den Neugeburten –

Einer dreht sich um
und sieht in die Wüste –
Die Halluzination öffnet
die Wand der Sonnenwildnis
wo ein Ahnenpaar
die Sprache des enthüllten Staubes spricht
muschelfern unterm Siegel –

Wir frieren
und kämpfen mit dem nächsten Schritt
in Zukünftiges –

IMMER ist die leere Zeit
hungrig
auf die Inschrift der Vergänglichkeit –
In der Fahne der Nacht
mit allen Wundern eingerollt
wissen wir nichts
als daß deine Einsamkeit
nicht die meine ist –
Vielleicht daß ein Traum-verwirklichtes Grün
oder
ein Sang
aus der Vorgeburt schimmern kann
und von den Seufzerbrücken unserer Sprache
hören wir das heimliche Rauschen der Tiefe –

ALLE LÄNDER haben unter meinem Fuß
ihre großen Schrecken angewurzelt
die hängen schwer-uralte Ziehbrunnen
immer überfüllend den Abend
das tötende Wort –

So kann ich nicht sein
nur im Stürzen –

IM MEER aus Minuten
jede einzelne verlangt Untergang
Rettung-Hilfe haushoch verschlungene Worte
nicht mehr Luft
nur Untergang
raumlos
nur Untergang
Hoffnung wurde kein Schmetterling
Tod erschaffen so mühsam
Was den Gott verhüllt
auflösen in Sand
dieses Erstlingswort
das in die Nacht stürmt
rettungslos

Erde
Träne unter den Gestirnen –
ich sinke in deinen Überfluß –

SO TIEF bin ich hinabgefahren
über meine Geburt hinaus
bis ich den früheren Tod traf
der mich wieder verstieß
in diese singende Pyramide
um auszumessen das entzündete
Schweigereich
und ich sehne mich weiß nach dir
Tod – sei mir kein Stiefvater mehr –

IMMER NOCH um die Stirn geschlungen
den strengen Horizont der Krankheit
mit dem rasenden Aufstand des Kampfes —
die Rettungsleine in den Abgrund geworfen
das Nacht-Ertrinkende zu fassen —

O-A-O-A-
ein wiegendes Meer der Vokale
Worte sind alle abgestürzt —

HÖLLE ist nackt aus Schmerz –
Suchen
sprachlos
suchen
Überfahrt in die Rabennacht
mit allen Sintfluten
und Eiszeitaltern umgürtet
Luft anmalen
mit dem was wächst hinter der Haut
Steuermann geköpft mit dem Abschiedsmesser
Muschellaut ertrinkt
Su Su Su

IN MEINER KAMMER
wo mein Bett steht
ein Tisch ein Stuhl
der Küchenherd
kniet das Universum wie überall
um erlöst zu werden
von der Unsichtbarkeit –
Ich mache einen Strich
schreibe das Alphabet
male den selbstmörderischen Spruch an die Wand
an dem die Neugeburten sofort knospen
schon halte ich die Gestirne an der Wahrheit fest
da beginnt die Erde zu hämmern
die Nacht wird lose
fällt aus
toter Zahn vom Gebiß –

BIN IN DER FREMDE
die ist behütet von der 8
dem heiligen Schleifenengel
Der ist immer unterwegs
durch unser Fleisch
Unruhe stiftend
und den Staub flugreif machend –

NICHT HIER NOCH DORT
aber im Schlaf doppelzüngig
die Natur stottert in ihren Untergang
der Schatten geht nach Haus
Auf den Lebenslinien wandert der Planet
saugt königliche Botschaften ein
wird reicher –

ICH SCHREIBE DICH –
Zur Welt bist du wieder gekommen
mit geisternder Buchstabenkraft
die hat getastet nach deinem Wesen
Licht scheint
und deine Fingerspitzen glühen in der Nacht
Sternbild bei der Geburt
aus Dunkelheit wie diese Zeilen –

VERZWEIFLUNG
deine Buchstaben wie Streichhölzer
Feuerspeiend
Niemand kommt ans Ende
als durch dein Wortgeweih

Stätte trostlos
Ort des hellen Wahnsinns
bevor er dunkel wird
Nachzügler des Lebens
und Erstling des Sterbens
ohne Hafen
Reißende Sucht
das Geheimnis
des unsichtbaren Messias streifend
mit wildem Heimweh –

Wir stürzten
in das Verlies des Abschieds
rückwärts
schattenschwarz schon
hinausgeschenkt
ins Erloschene –

DIE MUSIK
die du hörtest
war eine fremde Musik
Dein Ohr war hinausgerichtet –
Ein Zeichen nahm dich in Anspruch
aß deine Sehweite
kältete dein Blut
stellte Verborgenheit her
zog den Blitz vom Schulterblatt
Du hörtest
Neues

IMMER auf der schiefen Ebene
wo alles entfällt-rollt
in den Ab-grund
das fahrende-stehende Wort
vom Schweigen zu Tode getroffen
und wieder aufbricht
das Samenkorn der Nacht
im Schauder der neuen Sprache
hineingeflüstert
in die Wurzelblätter des Planeten
vor der Morgenröte –

I
VON DER gewitternden Tanzkapelle
wo die Noten aus ihren schwarzen Nestern fliegen
sich umbringen –
geht die Leidbesessene
auf dem magischen Dreieck des Suchens
wo Feuer auseinandergepflückt wird
und Wasser zum Ertrinken gereicht –
Liebende sterben einander zu
durchädern die Luft –

In der Sonnenfinsternis
das Grün ist zu Asche verdammt
die Vögel ersticken in Angst
denn das Ungewisse ist im Annahen –
hinterrücks aus Nacht geschnitten
schleift der Lichttod
des Suchens Geschichte in den Sand –

Seefahrend zum Zenit
wo die weiße Lachmöve sitzt und wartet
kältet sie schon ihren zerfallenden Staub

Sternbild des Geliebten
vom Henker ausgeblasen
der Löwe vom Himmel gefallen –

Sie sucht sie sucht
brennt die Luft mit Schmerz an
die Wände der Wüste wissen von Liebe
die jung in den Abend steigt
diese Vorfeier auf den Tod –

Sie sucht den Geliebten
findet ihn nicht
muß die Welt neu herstellen
ruft den Engel
eine Rippe aus ihrem Körper zu schneiden
bläst sie mit göttlichem Atem an
weißes Palmenblatt im Schlaf
und die Adern träumend gezogen
Die Suchende in ihrer Armut
nimmt zum Abschied die Krume Erde in den Mund
aufersteht weiter –

II
Du bist der Weissager der Sterne
ihre Geheimnisse fahren aus deiner Unsichtbarkeit
siebenfarbiges Licht aus verschleierter Sonne
Schon ist Tag und Nacht verloren
Neues naht mit Fahnen der Wahrheit
Vulkanische Beichten unter meinen Füßen –

III
Ausgestreut bist du
Same der nirgends häuslich wird
wie kann man Windrichtungen absuchen
oder Farben und Blut
und Nacht die religiöse Angst
Ahnung – der Faden im Labyrinth führt dich –

IV
Es ist eine Ungeduld – Waldbrand knistert in den
    Adern
ruft: wo bist du – mit dem Echo vielleicht im
    Himmel
und andere sitzen still an einem Tisch
trinken Milch
draußen der Flieder ist im traurigen Abblühn
der kleine Bruder reitet auf der Ziege –
nur ihr Schmerz sagt ihr daß er tot ist
aber vielleicht hat die Sage ihn unter das Sternbild
des südlichen Kreuzes gestellt
dort wo die Eisprinzessin aus ihrem gefrorenen
    Grab steigt
ihr Schmuck klappert
er wärmt sie
das Eis fällt ab die strahlenden Jahrtausende
keine Zeit da sie einzusammeln
die Zeit geht in Flammen auf im Scheiterhaufen
brennt ab wenn die Vögel die Nacht aufritzen –

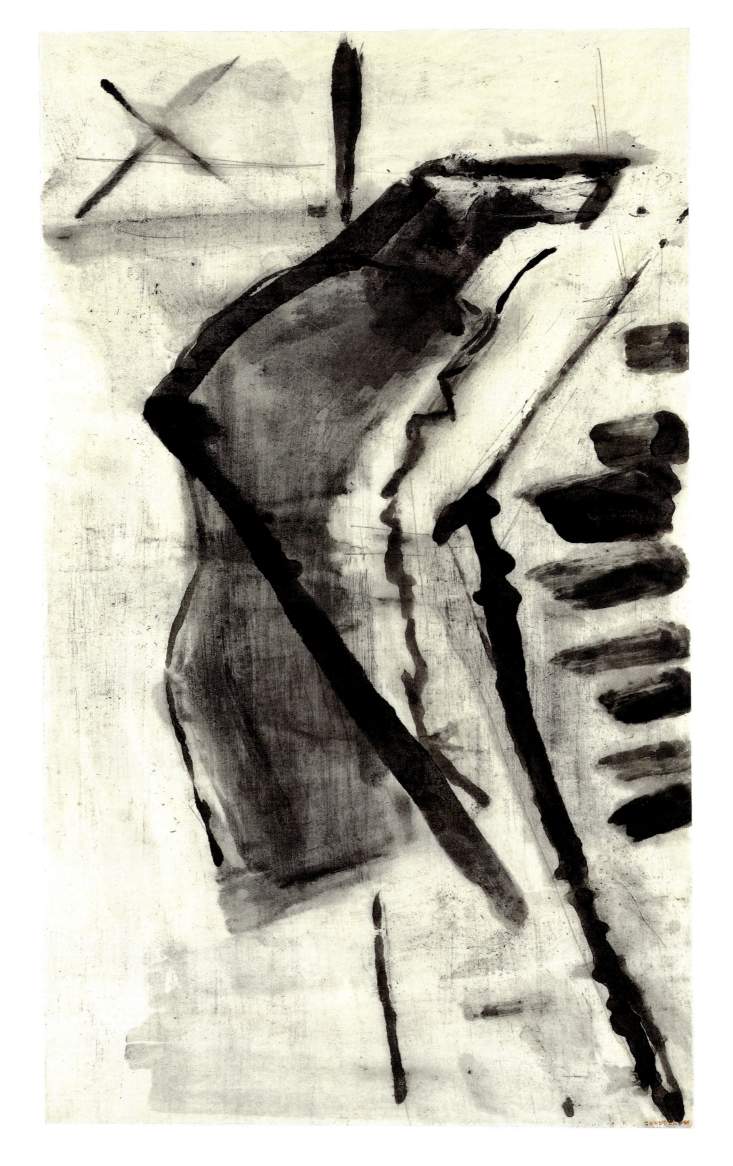

V
Sie sprachen einmal durch die Ferne zueinander
zwei Gefangene
der Henker trug die Stimmen aufgezogen
den Sehnsuchtsweg des Wahnsinns hin und her
Hatte Tod je schönere Geschenke auszutragen –

VI
Wo sie steht
ist das Ende der Welt
das Unbekannte zieht ein wo eine Wunde ist
aber Träume und Visionen
Wahnsinn und Schrift der Blitze
diese Flüchtlinge von anderswo her
warten bis Sterben ist geboren
dann reden sie –

VII
Was für eine Himmelsrichtung hast du
    eingenommen
gen Norden ist der Grabstein grün
wächst da die Zukunft
dein Leib ist eine Bitte im Weltall: komm
die Quelle sucht ihr feuchtes Vaterland

Gebogen ohne Richtung ist das Opfer –

TEILE DICH NACHT

WEISS IM KRANKENHAUSPARK

I
Im Schnee
die Frau geht
hält auf dem Rücken
umkrampft mit falschem Griff
ganz heimlich
abgebrochene Zweige mit Knospen
noch von Nacht verdeckt

Sie aber im Wahnsinn ganz still
im Schnee
um sich blickend und weit offen
die Augen wo
von allen Seiten das Nichts einfährt –

Aber sehr heimlich das Ferne
ist in ihrer Hand
in Bewegung geraten –

JEDEN TAG
einen Schritt näher tun
in das dunkle Wunder
der Unsichtbarkeit
am Abend in die Nacht gelangen
am Morgen in den Tag
Die Stille ertasten mit dem Wort
unwissend
und nur mit Tränen
als einzige Habe
den Ausgang suchend
der mit dem Leben weiterwandert
bis ein Horizont Tod heißt

AUFERSTANDEN
sind die Wüsten
hellhörig die Jahrmillionen
die sandsüchtigen Häuptlinge
der Erde –

Gedächtnis im Wolkenbild –

Wartend
im verkohlten Engel Nacht
steht

Einer
im Zeitgespann
die Adern aufgeritzt
blutige Tränke
für die Untiefe
Wort

die neue Schöpfung
sprechender Sterne –

ABEND IN DIE KNIE
gesunken –
im Sterben
niemand kommt mit –
Alle im schwarzen Kreuz
des Schlafes
Immer nur Einer
muß wachen –
seit Adam
die einsamste Minute schuf

Im Gehörraum
die Marter der Welt gesetzt
Klingender Tod –

*TEILE DICH
NACHT*

DA
in der Nacht
wo sie am schrecklichsten dunkelt
bevor Tod sie wieder erhellt
im Brennesselwald des Wahnsinns
der die Bäume hinaufklettert
die Wunden am Mond zu kühlen
zurückgeworfen
nach Ost und West
die Hände gestreckt
Aufgang und Untergang
in einer Umarmung zu fassen
und verzehrt von den Flammenden
morsches Holz
den Himmel zu versöhnen –

WAS SIEHST DU AUGE
in meinem Tisch
im Holz eingegraben –
haben wir die gleiche Sprache des Blicks
bist du in der Untiefe Nacht
näher dem Lichte verwandt
ich grüße dich
geheimnisbeladenes Geschwister –

TEILE DICH NACHT

UND REDEN QUER
wie nach dem Tod –
eine Lachtaube
unterm Brückenbogen-Dunkel
spricht mit Faladas Pferdekopf
der weiß

O du o du
3 Blutstropfen aus zerspringenden Herzen

Und oben die anderen
von Ufer zu Ufer
die Gewitter die Kriege
die Erde im Mund –

WO WOHNEN WIR

Es raucht
Nimm den Grundstein von der Stirn
dann Aderlaß
damit die Mauer steht
und baue mit dem Bild
das dir dein zweites Licht verliehn
so pflanze aus dem Alphabet
den Apfelkern

Der Garten weiß
woher das Wachsen kommt

NICHT MIT ZAHLENSCHWERTERN
sind Berge zu versetzen
Solches sei den Liebenden überlassen

Und immer zwei Gegner
umnachtend die Erde die
in die Apokalypse verkaufte

und immer die Verfolgten
mit durchschnittenem Schicksal
in den Flammen springend
mit Sintflutaugen
die Arche suchend rückwärts
in den Wandelgängen der Erinnerung

DA LIEGST DU
gefallen für das Morgenrot
für die Nacht
oder einen anderen Flügel der Erde

Dein Warum
vergessen in den heiligen Schriften
Unterkiefer in die Rätselkammer gesunken
Zukunft
grünes Fossil
im Felsen aus Schweigen

Adieu sagt der Rauch
und beschreibt Verbranntes

TEILE DICH
NACHT

TRAUM der den Schlafenden überwächst
so verpackt in Gesichten
schwimmt der Buchstabe

Spirale Ellipse Kreis
zeitgenährte Säuglinge
abgestorbene Glieder
in Folterungen Explosionen Kriege
geschüttelte
wieder angewachsene –
Ich liebe dich wie alle ziehenden Wolken
wie alle Winde der Welt –

Figur aus Finsternis
stotternde gesträubt im Schauder
Staub entziffernde persona
versiegelte dunkle Namen aus
Brunnen gezogene
Ural Tibet abendkranke Länder
murmelnde – auf Totenlaken wandernde –
Wallfahrer in Endlosigkeit –

Höllen und Himmel
nur für die Erde gezimmert
dann weiße Flecken bilderlos
Bettler Ende der Phantasie Tote

Welcher Schmerz hängt am südlichen Kreuz
Was für Sternbilderreisende
im Ringnebel der Leier
Auf welchem Planeten
Adam und Evas Spiel
im Gottverstecken –

Buchstaben
wo werdet ihr noch gegessen als tägliche Speise
auf welchem sternigen Patmos
der aufgerissenen Gräber?

WAS FÜR UMWEGE für die Nachdenklichen
das Todesurteil zu unterschreiben
mit Fingern die einmal im Sande Anfang spielten
mit Muschelmeermusik im Ohr
durch die Laubengänge der Jahre
bis an den Tisch im Zimmer
der Uhrenzeit
ins Herz getickt –
Draußen Schritte die
Gefährliches ans Ende bringen wollen
die Nacht sich nähert und Nacht anzieht
Gelächter – heiter ist die Erde
Alles geht vorüber
auch der Seufzer und die
Unterschrift –

IHR MEINE TOTEN
Eure Träume sind Waisen geworden
Nacht hat die Bilder verdeckt
Fliegend in Chiffren eure Sprache singt

Die Flüchtlingsschar der Gedanken
eure wandernde Hinterlassenschaft
bettelt an meinem Strand

Unruhig bin ich
sehr erschrocken
den Schatz zu fassen mit kleinem Leben

Selbst Inhaber von Augenblicken
Herzklopfen Abschieden
Todeswunden
wo ist mein Erbe

Salz ist mein Erbe

TEILE DICH NACHT
deine beiden Flügel angestrahlt
zittern vor Entsetzen
denn ich will gehn
und bringe dir den blutigen
Abend zurück

NICHT SEHN ZWEI DASSELBE WENN SIE AUS DEM FENSTER SEHN

1. Fensterstimme
Der Mann an dieser hellen Ecke dort
steht er am Höllenrand
Er rauft sein Haar
Es flammt aus seiner Schädelstätte
Hat er die Welt verschluckt
Speit er sie aus?

2. Fensterstimme
dein Sehn
schon ists Gedächtnis
was sich dort hin und her bewegt
ist nur sein Stock
der Gras und Blumen köpft

SUCHE NACH LEBENDEN

I
Wir sehn aus dem Fenster
Du und ich
die gleiche Landschaft
aber du siehst ein † und
ich einen Baum
Wie weit mein Freund sind wir getrennt
doch auch ein Kreuz ist gekreuzigt
Vielleicht sind wir nah

Die Tanne hat eine Träne geweint
in die Tischlerhand
Ist sie tot?
Bin ich abwesend so nahe meinem Grab?

II

Diese verschlossene Tür
dahinter geschah das Furchtbare
Du siehst was dahinter geschah
Weilen deine Augen fern von deinem Leib?
Oder schon im Tod?
Der Tod aber ist offen
Erst dahinter leben die Geheimnisse

Aber ein Blitz aus der Schulter der Marionette
feurig im Gürtel des Äquators geschaffen
Von niemand geimpft
gegen Menschenkrankheit
brennt er die Geisterwelt an

Fragmente einer Wolke
stößt die Nächste
das Auge des Propheten schon Sonne
der Bart zerfetzt vom heilig-heilig Wehn

III
Alle Abende ruhn in meinem Blut
Schmerzensgesellschaft
wehe wehe wehe
ein Blatt Papier trägt sie
ins Eismeer hinab

Wir stehn unter den Waffen
der Holunder steht unter den Waffen
Vogelfeder fliegt unter den Waffen
Der Schwan fährt über das Spiegelbild
So ist die leere Zeit gefüllt

Nacht ein Hahn kräht ritzt Blut auf
der Verräter ist immer nahe
der Verratene hält seinen Glauben fest
im Heidekraut des Vergessens
das Kartenspiel im Wind –

DER SUMPF DER KRANKHEIT
zieht nach unten
Irrlichterei sagt nein zum Tag
Nacht gähnt vor Barmherzigkeit
Sterben spielt weit verzweigt –

Fallsüchtig jede Ecke empfängt
mit dunklem Arm
Schwarz ist die Lieblingsfarbe des Bittstellers:
Komm und schenke mir Träume –

NACHWORT

Worte für ein literarisches Lebenswerk suchen, das mit dem Nobelpreis, mit dem Friedenspreis des Deutschen Buchhandels ausgezeichnet wurde, und dabei stündlich die Nachrichten vom Krieg am Persischen Golf hören …

1991 wäre Nelly Sachs hundert Jahre alt geworden, 1991 gleicht die Welt zeitweise einem Tollhaus.

Nelly Sachs, die den Holocaust nur zufällig überlebte, hat erfahren müssen, daß Auschwitz und Hiroshima als Warnzeichen nicht genügten, daß Perfekteres vorbereitet wurde. Und sie schrieb gegen dieses Kontinuum an, gegen die Vergeblichkeit, gegen das Vergessen. Sie schrieb im Namen der Wehr- und Namenlosen, zunächst ganz im Namen des jüdischen Volkes, dessen Schicksal ihr auferlegt worden war, bald umfassender im Namen aller Schwachen, Sprachlosen.

Dieses Schreiben gegen die Vergeblichkeit, die endgültig erscheint gerade angesichts eines jahrhundertealten, zähen Widerstands dagegen …

Nelly[1] Sachs wurde am zehnten Dezember 1891 in Berlin als einzige Tochter des Fabrikanten William Sachs und seiner Frau Margarete (geb. Karger) geboren und wuchs in großbürgerlich-kultiviertem Milieu, in einer Villa im Tiergartenviertel auf.

Das kränkliche Kind wurde bald aus der öffentlichen Schule herausgenommen, Nelly erhielt Privatunterricht, besuchte später die private Töchterschule Aubert und lebte dann im Stile einer höheren Tochter ohne Berufsausbildung im Hause der Eltern.

Die Eltern stammten beide aus Familien assimilierter deutscher Juden, im Hause Sachs herrschte eine freigeistige Atmosphäre, aus «Tradition gehörte man der jüdischen Gemeinde an, ging aber nicht in die Synagoge»[2]. Als feinsinnige Kenner und Liebhaber der klassischen und romantischen deutschen Literatur, Kunst und Philosophie war die Familie Sachs in der deutschen bürgerlichen Kultur verwurzelt.

«Der Tanz war meine Art des Ausdrucks noch vor dem Wort».[3] Nach abendlichen Klavierfantasien des Vaters hat Nelly Sachs, wie sie erzählte, lange bevor sie noch ihre erste Gedichtzeile schrieb, auf eine völlig unkonventionelle, elementare, ursprüngliche Weise getanzt, dem Rhythmus des Atems nachlauschend, in wortlosem Verstehen mit ihrem Vater.[4] Später erst hat sie zum Wort als gänzlich anderem Medium des Selbstausdrucks gefunden.

---

1 eigentlich Leonie
2 Olof Lagercrantz, Versuch über die Lyrik der Nelly Sachs, Frankfurt/Main, Suhrkamp, 1967. S. 33
3 Brief an Walter A. Berendsohn vom 25. 1. 59, zitiert in: Briefe der Nelly Sachs, hrsg. von Ruth Dinesen und Helmut Müssener, Frankfurt/Main, Suhrkamp, 1984, S. 201
4 ebenda

In der großen Bibliothek des Vaters entdeckte Nelly unter anderem Sagen- und Märchensammlungen, die Werke Jakob Böhmes, Goethes, der Romantiker und die «Weisheitsbücher des Ostens» für sich und begann zu schreiben: Legenden, Erzählungen und Puppenspiele, Musikgedichte, Tänze, Landschaftslyrik – ganz in der Vorstellungs- und Bildwelt der Romantik. Literarisches Vorbild seit der Kindheit war die schwedische Dichterin Selma Lagerlöf, mit der Nelly Sachs bereits als junges Mädchen eine innige Brieffreundschaft verband. Bald wurden ihr Worte zur «Atemhilfe», eine verzweifelte Liebe zu einem weit älteren, verheirateten Mann[5], der ihr im Jahre 1908 begegnete, stürzte die Siebzehnjährige in eine ernste Krise.

Nelly Sachs lebte zurückgezogen. Eine Generationsgefährtin der Expressionisten und aufgewachsen in Berlin, hat Nelly Sachs nicht mit Dichtern, Malern, Theaterleuten, Verlegern, Kritikern zusammen an den Tischen jener legendären Künstlerkneipen und -cafes gesessen, in denen bis gegen Anfang der dreißiger Jahre das künstlerische Leben am Überkochen war.

Die Berliner Jahre der Dichterin waren erfüllt von innigen Frauenfreundschaften. Sie schloß sich dem Literaturkreis um Helene Herrmann[6] an, einem Kreis, der ganz im Geiste der romantischen Dichtungen Novalis' und Brentanos lebte und dichtete und Stefan Georges Vorstellung von einem Leben im Dienste der Kunst verpflichtet war. Neben den Dichtungen Novalis' und Hölderlins zählte Nelly Sachs die Bücher Dostojewskis zu den ihr sehr wichtigen.

Einige ihrer Gedichte erschienen in angesehenen Journalen, etwa dem Berliner Tageblatt[7], der Vossischen Zeitung und der «Jugend». 1921 veröffentlichte der F.-W.-Mayer-Verlag einen schmalen Band mit Legenden und Erzählungen von ihr. Nach 1933 druckten nur noch jüdische Zeitschriften ihre Gedichte ab.

Nelly Sachs hat ihre vor 1943 geschriebenen Werke später nicht mehr zur Veröffentlichung freigegeben. Wie sie in Briefen andeutete, hat sie alle ihr wirklich wichtigen Dichtungen vernichtet, darunter solche, die von den Freundinnen des George-Kreises nicht mehr verstanden wurden, in denen sie eigene dichterische Wege ging, sowie Texte, vor denen sie damals in einer «Angst vor den eigenen Dingen»[8] zurückschauderte. Erhalten blieben einige ihrer meist der Romantik nachempfundenen Dichtungen.

Nelly Sachs hat immer wieder betont, daß ihre Jugend nur äußerlich betrachtet eine wohlbehütete, glückliche gewesen ist, daß sie voll innerer Tragik war, daß Schreiben ihr von früh an Hilfe zum Weiterleben war.[9]

---

5 dem symbolischen «Du» in vielen ihrer Gedichte, Nelly Sachs hat den Namen des Mannes nie verraten
6 Schriftstellerin und Literaturwissenschaftlerin, Gattin des Professors für Theaterwissenschaften Max Herrmann, beide Symbolfiguren des assimilierten deutschen Judentums, beide kamen im KZ um
7 über die Vermittlung des Redakteurs Leo Hirsch
8 zitiert in: Peter Sager, Nelly Sachs, Untersuchungen zu Stil und Motivik ihrer Lyrik, Dissertation, Bonn 1970, S. 15 f.
9 siehe dazu Brief an Walter A. Berendsohn vom 22. 1. 59, zitiert in: Briefe der Nelly Sachs, a. a. O., S. 198

Vieles bleibt im Dunkeln und lädt zur Legendenbildung ein. Nelly Sachs hat selbst engen Vertrauten tiefere Einblicke in ihr Leben verweigert. Im Jahre 1959 schrieb sie an Walter A. Berendsohn: «Alles andere soll und muß im Dunkeln ruhen. Die herzzerreißende Tragik unseres Schicksals soll und darf außerdem nicht verkleinert werden durch die vielen in diesem Zusammenhang gänzlich unnötigen Unterrichtungen».[10]

Dieser Vorrang der Botschaft gegenüber der Ruferin, dieses Sprechen für andere, für die Sprachlosen, im Namen anderer, im Namen einer Sache wird auch ihre Dichtung prägen, eigenartig, fremd erscheinend zwischen den Stimmen der deutschsprachigen Dichterinnen und Dichter dieses zwanzigsten Jahrhunderts.

Die Nationalsozialisten zwangen der Familie Sachs, die sich eher als deutsch denn als jüdisch verstand, eine jüdische Identität auf, sie verwiesen die zurückgezogen lebende und schreibende Dichterin auf eine jüdische Tradition, die sie bis dahin kaum gelebt hatte und die sie erst im Augenblick ihres Ausgestoßenwerdens ganz bewußt als Anker wahr- und anzunehmen begann.

Bis zum Zeitpunkt ihrer Verfemung als Jüdin hatte Nelly Sachs die Schriften und Lehren des Judentums eher von ihrer orthodoxen Seite her gekannt. Von einer unkonfessionellen, tiefempfundenen, romantisch-christlichen Religiosität, inspiriert von Novalis, Dostojewski, Selma Lagerlöf, Franz von Assisi, Jakob Böhme und von der Idee des unschuldigen Leidens Christi, gehörte die Dichterin keiner Glaubensgemeinschaft an. Nun griff sie wieder zum Alten Testament. Ende der dreißiger Jahre schenkten ihr Freunde Martin Bubers Übersetzung der «Chassidischen Bücher». Das Leseerlebnis kam einer Offenbarung gleich. Eine lebendige Welt des Glaubens, der Güte öffnete sich ihr, «die Quelle aller existentiellen Durchströmung des Alltagsaugenblickes».[11] Der Chassidismus[12] gab ihr Bestätigung, das Gefühl einer Verwurzelung im Universalen.

Durch den mutigen Einsatz einiger ihrer engsten Berliner Freundinnen und durch Fürsprache von Selma Lagerlöf und Prinz Eugen beim schwedischen Außenministerium gelang Nelly Sachs und ihrer Mutter (der Vater war im Jahre 1930 einer Herz- und Krebserkrankung erlegen) die Flucht. Die schwedische Regierung praktizierte, um das Land außenpolitischen Verwicklungen fernzuhalten, eine restriktive Flüchtlingspolitik. Anfang Mai, an ein und demselben Tag, erhielt Nelly Sachs den Stellungsbefehl für den Abtransport in ein Konzentrationslager und ein Transitvisum für sich und ihre Mutter, letzteres mit der Bedingung, Schweden könne nur

---

10 Brief an Walter A. Berendsohn vom 7. 9. 59, in: Nelly-Sachs-Archiv Dortmund

11 Brief an Margit Abenius vom 30. 12. 57, zitiert in: Briefe der Nelly Sachs, a. a. O., S. 181

12 Chassidismus ... hebr. (Chassidim ... der Fromme), eine aus der profanen mystischen Frömmigkeitsbewegung in Osteuropa im 18. Jahrhundert hervorgegangene religiöse Strömung, lebendiger Zweig der universalen Mystik, Gott ist in allem, nichts ist unheilig, Begründer: Israel Ben Elieser, genannt Baalschemtow (1699–1760)

Zwischenstation auf dem Weg in die USA sein. Mit einer Handtasche und zehn Mark Bargeld kamen Nelly Sachs und ihre Mutter mit dem letzten Flugzeug aus Berlin in Stockholm an. Selma Lagerlöf, die mütterliche Freundin, verstarb einundachtzigjährig, zwei Monate, bevor Nelly Sachs und ihre Mutter in Stockholm eintrafen.

Die beiden Frauen, erschöpft und mittellos, blieben. Nelly Sachs würde diese «Zwischenstation» in den dreißig Jahren zwischen der Ankunft und ihrem Tode im Jahre 1970 nur selten verlassen.

Aus ersten, behelfsmäßigen Unterbringungen zogen Mutter und Tochter nach Södermalm, einem südlichen Stadtteil Stockholms, in ein Mietshaus der Warburg-Stiftung am Bergsundstrand 23, wo sie zunächst in einer winzigen, kalten, dunklen, später in einer größeren, hellen Wohnung mit dem Blick auf eine Zementfabrik und industrielle Kaianlagen, an einem Seitenarm des Mälarsees lebten. Die Dichterin hielt sich und ihre kranke Mutter mit Übersetzungsarbeiten und mit Hilfe finanzieller Unterstützungen über Wasser. Erst 1952 wurde ihr die schwedische Staatszugehörigkeit bewilligt. Die Mutter erholte sich nicht mehr von den Strapazen der Flucht, «das Entsetzen, das wir sieben Jahre unter Hitler durchlebt hatten, hielt sich ohne ihren Willen in ihrem Unterbewußtsein auf: sie litt an einer Art epileptischer Krämpfe, die sie halb in das Reich der geliebten Toten versetzten ...[13]»

Nelly Sachs pflegte ihre Mutter bis zu deren Tod im Jahre 1950. Der Verlust der Mutter löste eine schwere Lebenskrise aus.

Vertrieben aus Deutschland, fremd im Exil, nachts die Schrecken und Ängste der Verfolgung gemeinsam mit der kranken Mutter wieder und wieder durchmachend, war da nicht gleich eine neue, dem Entsetzen Ausdruck gebende Sprache.

Nelly Sachs hat in ihren ersten drei Exiljahren im Stil ihrer Berliner Zeit weitergedichtet. Bald folgten Übersetzungen moderner schwedischer Lyrik ins Deutsche. Es war ein Dank an das Land Schweden, das ihr und ihrer Mutter die Flucht ermöglicht hatte, und es war die Möglichkeit, sich mit der Mentalität des fremden Landes vertraut zu machen – neben dem ganz elementaren Antrieb, für den eigenen Unterhalt sorgen zu müssen.

Zudem war es wohl ihre erste intensive Begegnung mit der literarischen Moderne, ohne die ihre eigene Dichtung später nicht denkbar sein wird.

Im Jahre 1943 drangen die furchtbaren Nachrichten von den Massenvernichtungen in den deutschen Konzentrationslagern und vom Tod jenes fernen, geliebten Mannes zu ihr nach Schweden. «Ich schrieb, um überleben zu können».[14]

13 Brief an Margit Abenius vom 17. 3. 58, zitiert in: Briefe der Nelly Sachs, a. a. O., S. 189
14 zitiert in: Olof Lagercrantz, Versuch über die Lyrik der Nelly Sachs, a. a. O., S. 48
15 siehe dazu das Nachwort von Hans Magnus Enzensberger, in: Nelly Sachs, Ausgewählte Gedichte, edition suhrkamp 18, Frankfurt/Main, 1963, S. 85 ff.
16 durch Vermittlung des Schauspielers und Regisseurs Curt Trepte und auf Veranlassung Johannes R. Bechers im Jahre 1947 im Aufbau-Verlag erschienen
17 Eli. Ein Mysterienspiel vom Leiden Israels, Malmö, Forssell, 1951
18 erschienen bei Berman-Fischer, Querido-Verlag, Amsterdam, Wien, 1949
19 Brief an Walter A. Berendsohn vom 12. 9. 44, zitiert in: Briefe der Nelly Sachs, a. a. O., S. 41

Nelly Sachs fand zu einer neuen Sprache, einer Sprache, in der die uralte, bis in biblische Zeiten zurückreichende Geschichte der Verfolgung der Juden mitschwingt, eine Sprache, die in den Büchern der Propheten, in den Psalmen, der Thora, im Chassidismus wurzelt, Sprache der verfolgten Juden, Sprache gegen das Vergessen. Es war dieser Gestus eines stellvertretenden Sprechens[15], eines Sprechens für die Namenlosen, mit dem Nelly Sachs, das eigene sprachlose Entsetzen niederringend, im Exil die Stimme zu erheben begann.

Kurz hintereinander entstanden «In den Wohnungen des Todes»[16], das Mysterienspiel «Eli»[17] und etwas später die Gedichtsammlung «Sternverdunkelung»[18].

Nelly Sachs hat die Entstehung ihrer Dichtungen nach 1943 mit Blutstürzen, mit Eingebungen verglichen: «Ich habe nichts an den Elegien getan, ich habe sie niedergeschrieben, wie die Nacht sie mir gereicht hat», schrieb sie im September 1944 an Walter A. Berendsohn.[19] Andererseits begann sie im Exil, im Drang, für die Ungeheuerlichkeit der Wirklichkeit eine adäquate Sprache zu finden[20], die das Vergessen verhindert, moderne Lyrik und Lyriktheorie[21] zu lesen. Eine Sprache mußte gefunden werden, in der das Unsagbare sagbar wurde.

Nelly Sachs war über fünfzig Jahre alt, als sie die erste Zeile schrieb, die sie später vor der Öffentlichkeit gelten ließ. Es war Totenklage, waren «Gebete für den toten Bräutigam», «Grabschriften in die Luft geschrieben», Chöre.

O DIE SCHORNSTEINE
Auf den sinnreich erdachten Wohnungen des Todes
Als Israels Leib zog aufgelöst in Rauch
Durch die Luft –
Als Essenkehrer ihn ein Stern empfing
Der schwarz wurde
oder war es ein Sonnenstrahl?

O die Schornsteine!
Freiheitswege für Jeremias und Hiobs Staub –
...[22]

Schon das Titelgedicht des ersten Gedichtbandes weist mit der Zeile «Freiheitswege für Jeremias und Hiobs Staub» von der konkreten Situation des Massenmordes an Juden zu den Altvätern des Judentums, auf die uralte Geschichte vom Leiden Israels. Mit dieser Zeile spannte die Dichterin einen weiten geschichtlichen Bogen, holte ihn ins Gedicht hinein. Sie stellte damit die Verfolgung

20 Eine Literarisierung menschlicher Verbrechen birgt bekanntlich die Gefahren einer Ästhetisierung und Sentimentalisierung in sich, denen auch Nelly Sachs nicht immer entgeht, das betrifft z. B. hier und da eine gewisse Verselbständigung klangvoller Worte des Leids, ein Spiel mit schönen Bildern der Trauer, worunter nicht nur die literarische Qualität, sondern auch die menschliche Glaubwürdigkeit stellenweise leidet. Das Gesamtwerk gerät dadurch an keiner Stelle in Gefahr.
21 In ihrem Brief an Walter A. Berendsohn vom 30. 10. 57 erwähnt sie Hugo Friedrichs «Die Struktur der modernen Lyrik». Zitiert in: Briefe der Nelly Sachs, a. a. O., S. 172. Bei Betrachtung der Handschriften wird eine Synthese beider Dichtungsverfahren erkennbar. Die Erstniederschriften erinnern an die Selbstaussage der Dichterin, die hand- oder maschinegeschriebenen Reinschriften lassen eine bewußte Überarbeitung erkennen.
22 siehe unsere Auswahl, S. 5

und Ermordung der Juden im zweiten Weltkrieg in ein historisches Kontinuum, in eine Tradition des Schreckens, deren damaliger Endpunkt alles bis dahin Geschehene überbot, – die aber zugleich eine Tradition jahrhundertealten Glaubens und Hoffens war, der Dichterin Halt gebend – und Sprache.

Mystischer Schlüsselbegriff und ein Schlüssel zur Dichtung von Nelly Sachs ist das Wort Staub, Chiffre für die Vergänglichkeit alles Irdischen, aber auch für Erlösung und Auferstehung, die bei Nelly Sachs immer stärker ins offen Transzendente geht. Die «Fahrt ins Staublose»[23] ist Richtung und Ziel nicht nur des Staubes, sondern erklärtes Ziel der Dichtung, die, vor allem in den Spätwerken, immer mehr in eine «wortlose Sprache», ins sprechende Schweigen münden wird. «Die Staubverwandlung ist das zentrale mystische Erlebnis»[24]. Die Sicht auf das Werden und Vergehen im universalen Zusammenhang öffnet den Gedichtraum ins Kosmische, überhaupt zieht sich die Idee einer Allverbundenheit zwischen Universum und Individuum durch das gesamte Werk. «Nur ist das Universum immer in unserem Blut und Atem», schreibt Nelly Sachs 1959 an Rudolf Peyer.[25]

Grundelemente der Wortschöpfung von Nelly Sachs sind die vier Urelemente Feuer, Wasser, Erde, Luft, die – elementar wie geheimnisvoll – als Zeugen jahrmillionenalten Werdens und Vergehens zugleich vormenschliche Zeit und den Augenblick Jetzt in sich aufheben. Die Urelemente, deren Geheimnis, den Mystikern folgend, sich erst im Tode offenbart, erfahren im Werk von Nelly Sachs eine ständige Deutung, sie entfalten dabei in den Dichtungen eine eigenartige Strahlungskraft.

Wichtiger noch als ihre Lyrik waren der Dichterin die dramatischen Versuche, an denen sie – im Gegensatz zur Lyrik – permanent arbeitete. Sie träumte von einem «Theater der Zukunft»[26], von einem Totaltheater, bei dem Wort, Mimus, Farbe, Licht, Musik[27] einander wechselseitig steigern sollten. Eine Dramaturgie ohne dramatische Fabel im herkömmlichen Sinne sollte entstehen, die Bühne als Seelenraum, innere Vorgänge darstellend, von hoher Abstraktion und strenger Struktur. Nach dem Mysterienspiel «Eli» entstand «Abram im Salz» – «geschrieben als Versuch, das uralte Kulttheater, das einst begann, den elementaren Gefühlen der Menschen ersten Ausdruck zu verleihen, aufs neue zu beleben».[28]

Es folgten weitere szenische Dichtungen, die zu Lebzeiten der Dichterin keine Theaterrealisierung entsprechend ihrer Vorstellungen erfuhren,[29] die bis heute auf ihre Entdeckung warten. Heinz Hollinger, der im Jahre 1970 den «Magischen Tänzer» zur Uraufführung brachte, schrieb, daß es im modernen Theater außer bei

---

23 ebenda, S. 98
24 Bruno Bollinger, Nelly Sachs und die Verwandlung des Staubes, zitiert in: Nelly Sachs zu Ehren. Gedichte, Beiträge, Bibliographie, Frankfurt/Main, Suhrkamp, 1966, S. 143–155
25 Brief vom 5. 10. 59, zitiert in: Briefe der Nelly Sachs, a. a. O., S. 233
26 Brief an Ilse Blumenthal-Weiss vom 16. 2. 67, zitiert in: Briefe der Nelly Sachs, a. a. O., S. 308
27 Brief an Gunnar Ekelöf vom 10. 7. 61, zitiert in: Briefe der Nelly Sachs, a. a. O., S. 274
28 Brief an Alfred Andersch vom 30. 10. 57, zitiert in: Briefe der Nelly Sachs, a. a. O., S. 171

Beckett nichts gäbe, was «von ähnlicher Tragweite und Bedeutung für die Szene erdacht worden ist».[30]

«An die deutsche Sprache gebunden», schrieb Nelly Sachs im Jahre 1952 an Kurt Pinthus[31], «hat man als jüdischer Mensch nicht viel Aussicht» (für die eigene Dichtung in Deutschland echtes Interesse zu finden, A. S.). Der Gedichtband «In den Wohnungen des Todes» war 1947 beim Aufbau-Verlag Berlin ohne größeren Widerhall erschienen, beim Berman-Fischer-Verlag mußte ein Teil der Auflage von «Sternverdunkelung» wegen zu geringer Nachfrage wieder eingestampft werden – es schien in Deutschland niemand zu hören.

Anders in Schweden, wo Nelly Sachs mit ihrer Dichtung seit Mitte der vierziger Jahre auf Interesse stieß, wo sie nicht zuletzt durch ihre Übertragungen schwedischer Lyrik ins Deutsche schnell bekannt wurde. Es entstanden drei Anthologien moderner schwedischer Lyrik und vier Einzelausgaben (mit Gedichten von Edfelt, Ekelöf, Lindegren und Venneberg) in deutscher Übertragung – eine herausragende Leistung, für die sie im Jahre 1958 den Lyrikpreis des schwedischen Schriftstellerverbandes erhielt. Mit vielen schwedischen Dichtern war sie befreundet, einige von ihnen begannen ihrerseits, Gedichte von Nelly Sachs ins Schwedische zu übertragen.

Zu ihren Freunden und Förderern im Exil gehörten unter anderen Johannes Edfelt, der als einer der ersten ihre Gedichte in die schwedische Sprache übertrug und sie damit «heimisch machte», Olof Lagercrantz, der Komponist Moses Pergament, der Literaturwissenschaftler Walter A. Berendsohn, der ihr dichterisches Werk jahrzehntelang begleitete, und Bengt und Margaretha Holmqvist, die Herausgeber des Spätwerkes der Dichterin.

Nelly Sachs hatte die Hoffnung, aus Deutschland einen Widerhall auf ihre Dichtungen zu erleben, beinahe aufgegeben, als sie um die Mitte der fünfziger Jahre endlich gehört wurde. Es waren im wesentlichen jüngere deutsche Dichterinnen und Dichter wie Alfred Andersch, Paul Celan, Peter Hamm, Hans Magnus Enzensberger, Hilde Domin, Ingeborg Bachmann, Ilse Aichinger, Günter Eich und Johannes Bobrowski, die ihr Briefe voll Hochachtung, Dankbarkeit und Wärme zu schreiben begannen, die am Bergsundstrand einander die Klinke in die Hand gaben und zur Verbreitung der Werke der Dichterin beitrugen. Es waren Vertreter der Generation, die kompromißlos an eine Aufarbeitung deutscher Vergangenheit herangingen und die, so Nelly Sachs, «nicht nur die erfrorene deutsche Sprache wieder zum Blühen brachten, sondern auch meine Hoffnung, an den guten Willen dieser neuen deutschen Jugend zu glauben, befestigte. Mit vielen von ihnen verbindet mich herzliche Freundschaft».[32]

---

29 «Eli», Oper von Moses Pergament, nach der Textvorlage von Nelly Sachs, wurde im März 1959 im schwedischen Rundfunk uraufgeführt. Nelly Sachs schrieb dem Freund daraufhin: «Dadurch, daß die Personen nicht, wie Du zuerst vorhattest, Sprechstimmen, sondern Gesangsstimmen boten, kamen meine innersten Wünsche, eine Mission des Göttlichen und Friedlichen darzubringen, fort. Das Wort, das eine Botschaft bringen soll, darf nicht verdeckt werden mit Gesang» (Brief vom 21. 3. 59, zitiert in: Briefe der Nelly Sachs, a. a. O., S. 205).
Auch die Arbeiten von Moses Pergament am «Abram» enden nicht im Sinne der Dichterin. Trotzdem bestärkt sie den Freund weiterzuarbeiten und freut sich über dessen Erfolg.
30 in: Programmheft des Baseler Stadttheaters zum «Magischen Tänzer», 1970
31 Brief an Kurt Pinthus vom 2. 10. 52, zitiert in: Briefe der Nelly Sachs, a. a. O., S. 144
32 Brief an Lionel Richard vom 23. 3. 68, o. O.

Seit im Jahre 1961 der Gedichtband «Fahrt ins Staublose» beim Suhrkamp-Verlag erschien,[33] riß die Zusammenarbeit zwischen der Dichterin und dem Verlag nicht mehr ab, und es erschien in fast jedem folgenden Jahr ein Band.

Zwischen Ende der fünfziger und Mitte der sechziger Jahre verging fast kein Jahr, in dem die Dichterin nicht eine hohe Auszeichnung entgegennahm.[34] Höhepunkt war die Verleihung des Nobelpreises an ihrem 75. Geburtstag im Jahre 1966.

Da es eine wirkliche Vergangenheitsbewältigung im westlichen Teil Deutschlands nicht gab, wurde Nelly Sachs von den Ideologen und der Presse bald zu einer «traurig-feierlichen Heiligenfigur» der Versöhnung zwischen Deutschen und Juden stilisiert und – da nicht verstanden – als Dichterin totgelobt.[35] Wiedergutmachung im schlimmsten Sinne und so bizarr wie dieses deutsche Wortkonstrukt selbst. Herrschte in der östlichen Besatzungszone zunächst Aufgeschlossenheit gegenüber den Dichtungen von Nelly Sachs, so froren die kulturellen Beziehungen zwischen Ost und West schnell ein. Die Kulturpolitiker, die aus dem Sozialismus eine dogmatische Religion machten, wandten sich gegen die Religiosität und dunkle Unverständlichkeit in den literarischen Arbeiten von Nelly Sachs – es war die Zeit der Formalismus-Debatten.

«‹Flucht und Verwandlung› ist wie alle meine Dinge nur wieder Kritikererfolg», schrieb Nelly Sachs an Johannes Edfelt[36], «aber gekauft wird es, trotz des so glühenden Bemühens des Andersch-und-Celan-Kreises, sehr wenig».

Nach dem Tode der Dichterin am 12. Mai 1970 wurde es sehr schnell sehr still um ihr Werk.

Nach Deutschland ist Nelly Sachs nach dem Krieg nur noch zweimal gereist: das erste Mal 1960, anläßlich der Verleihung des Meersburger Droste-Preises für Dichterinnen, und im Oktober 1965 das zweite Mal, zur Entgegennahme des Friedenspreises des Deutschen Buchhandels, mit einem anschließenden Besuch in Berlin, ihrer Heimatstadt, die sie zur Ehrenbürgerin ernannte.

Die erste Reise, von der sie erschüttert an Ilse und Moses Pergament schrieb: «Bin im Märchen, wundere mich über nichts mehr. Die Stadt Meersburg hatte geflaggt. Jugend – Jugend, Verleger, Literatur – alles eine Umarmung der Liebe. Weiß nicht, was ich sagen soll, ganz überwältigt …»[37] – diese Reise mündete in eine langjährige Höllenfahrt der Verfolgung. Nelly Sachs deutete an, sie höre Stimmen, ihre Verfolger beabsichtigten, sie mit anonymen Telefonanrufen, mit Abhör- und Mikrofonanlagen, mit Radio- und Tonbandsignalen, mit raffinierten akustischen Torturen und elektronischer

33 durch Vermittlung Hans Magnus Enzensbergers, der 1960/61 Lektor bei Suhrkamp war

34 1957 wird Nelly Sachs korrespondierendes Mitglied der Deutschen Akademie für Sprache und Dichtung in Darmstadt; 1958 Lyrikpreis des Schwedischen Schriftstellerverbandes; 1959 Literaturpreis des Kulturkreises im Bundesverband der Deutschen Industrie; 1960 Meersburger Droste-Preis für Dichterinnen; 1961 wird Nelly Sachs korrespondierendes Mitglied der Freien Akademie der Künste Hamburg; Stiftung des Nelly-Sachs-Preises durch die Stadt Dortmund und Ernennung der Namensgeberin zur ersten Preisträgerin; 1963 wird Nelly Sachs korrespondierendes Mitglied der Bayrischen Akademie der Schönen Künste München, 1965 Friedenspreis des Deutschen Buchhandels in Frankfurt/Main; 1966 Nobelpreis; Nelly Sachs wird Ehrenbürgerin der Stadt Berlin

35 zu diesem Rezeptionsphänomen siehe auch Ehrhard Bahr, Nelly Sachs, Biographie, München, 1980, S. 9–27

36 Brief an Johannes Edfelt vom 25. 8. 59, zitiert in: Briefe der Nelly Sachs, a. a. O., S. 228

37 Brief an Ilse und Moses Pergament vom 30. 5. 60, zitiert in: Briefe der Nelly Sachs, a. a. O., S. 247

Überwachung in den Wahnsinn zu treiben. Sie sprach von Dante-, Bosch- und Breughel-Höllen, von der geistigen Tortur der Gestapo.

Es bleibt fast unmöglich, die Umstände dieser grausigen Ausbrüche von Verfolgungsängsten und Wahnvorstellungen zu entschlüsseln. Innerlich erregt, wieder in die deutsche Heimat zu fahren, muß die Erinnerung an die erlebte Bedrohung und Verfolgung erwacht sein. Dann die Begegnung mit Paul Celan, dem «Bruder», den Nelly Sachs den «Hölderlin unserer Zeit» nannte, mit dem sie ein jahrzehntelanges, intensives Gespräch in Briefen geführt hatte, der während ihrer gemeinsamen Treffen in Zürich und Paris von seinen Verfolgungsängsten angesichts des auflebenden Antisemitismus in der Bundesrepublik sprach.

Soweit zunächst die äußeren Vorgänge.

Nelly Sachs hat immer im «Grenzland» gelebt, ihre Dichtung verstand sie als «Wegweiser ins Ungesicherte», immer wieder hat sie das in ihren Briefen betont. Bereits im November '48 schrieb sie an Walter A. Berendsohn: «Ich weiß, daß meine Worte oft dort stehen, wo der Strand zu Ende ist und das Ungesicherte beginnt ...»[38]. In gewisser Weise trifft dies auf jede Dichtung zu – für das Werk von Nelly Sachs gilt das ganz besonders.

Es drängte sie, sich an die Geheimnisse des Universums heranzutasten, immer weiter ins «Unbetretene»[39] zu gelangen, ihren Visionen durch Sprache Gestalt zu geben. Durchdrungen von einer ganz eigenen Lebensphilosophie des Leidens, schrieb sie an Paul Kerstan: «Ich glaube, man kann das Dunkel weit fortschieben, wenn man zum Grunderlebnis dieses nimmt: diese Materie zu durchleiden, zu durchschmerzen, als unsere Mission auf Erden wahrnimmt. Die Materie durchsichtig zu machen. Dies ist was mir Leben bedeutet.»[40]

...

denn es muß ausgelitten werden
das Lesbare
und Sterben gelernt
im Geduldigsein[41]

Aus ihrer geistig-geographischen Heimat Deutschland brutal ausgestoßen, hatte die Dichterin in einer Welt universaler Mystik eine neue Verankerung gefunden.

Zu dem fundamentalen Leseerlebnis des Chassidismus war in den fünfziger Jahren, in der schweren Lebenskrise nach dem Tod der Mutter ein weiteres hinzugekommen: Gershom Scholems Übersetzung des Schöpfungskapitels aus dem Sohar, Hauptwerk der westjüdischen Mystik des 13. Jahrhunderts – der Kabbala.[42] «Ich möchte

---

38 Brief an Walter A. Berendsohn: vom 24. II. 48, zitiert in: Briefe der Nelly Sachs, a. a. O., S. 99

39 Brief an Johannes Edfelt vom 14. 10. 57, zitiert in: Briefe der Nelly Sachs, a. a. O., S. 169

40 Brief an Paul Kerstan vom 29. 6. 66, zitiert in: Paul Kerstan, Die Metaphorik in der Lyrik der Nelly Sachs, Hamburg, 1970, S. 369

41 in unserer Auswahl S. 124

42 Gershom Scholem, Die Geheimnisse der Schöpfung. Ein Kapitel aus dem Sohar, Frankfurt/Main, 1935.
Die kabbalistische Lehre geht von einem sprachmystischen Ansatz, vom Glauben an die schöpferische Macht der Urlaute aus. Über das Erkennen der inneren Wesenheiten der Buchstaben und Zahlen soll der verborgene Sinn der Welt offenbar werden. Siehe dazu auch: Gershom Scholem, Die jüdische Mystik in ihren Hauptströmungen, Frankfurt/Main, 1967

nur noch an Quellen trinken», schrieb Nelly Sachs, «Sohar erlöst das Wesen hinter den Worten ... Finde so tiefe Bestätigung für alle Träume. So tiefe – – »[43]

Nelly Sachs hat jüdische Mystik nie systematisch studiert, sie nahm von dieser, was ihr lebenswichtig war. Ihre Dichtung ist ein eigenartiges Gewebe aus verschiedenen Fäden universaler Mystik, christlich-romantischem Gedankengut und Spuren anderer Religionen, zum Beispiel der indischen, ist ein Gewebe von Meditationen über das Werden und Vergehen, über Erlösung und Auferstehung, Verwandlung und Wiederkehr, über das Phänomen des Bösen, über Altern und Tod.

In den fünfziger Jahren, in denen die Gedichtbände «Und niemand weiß weiter» (1957) und «Flucht und Verwandlung» (1959) erschienen, wurden die literarischen Vorstöße der Dichterin immer kühner. Nelly Sachs schuf für eine von ihr als apokalyptisch empfundene Zeit Bilder von einer ekstatischen, «außer sich geratenen», vor innerer Spannung berstenden Sprache, angesichts deren die deutschen Expressionisten, die sie wahrscheinlich nicht einmal kannte, «wie disziplinierte Klassiker» erschienen.[44]

Es waren die großen Wandlungsgedichte. Das Flucht-Erlebnis wurde umbewertet – neben dem Leid nun auch die Möglichkeit der Verwandlung in sich tragend, bei Nelly Sachs immer in Richtung einer offenen Transzendenz gehend – wie in dem Bild vom Schmetterling: der «Verwandlung sichtbarstes Zeichen».[45] Der Sohar-Zyklus in «Und niemand weiß weiter» ging auf das Leseerlebnis des Sohar Anfang der fünfziger Jahre zurück, die Dichterin tauchte in die kabbalistische Mystik ein – Eigenes entstand. Die kabbalistischen Vorstellungen von einer Universalität von Sprache, die in und aus den Elementen spricht, von der Schöpfung als Chiffre intensivierten die Sprachexperimente der Dichterin, die von einer notwendigen Wiederbelebung des Alphabetes,[46] von einer zu leistenden Erneuerung der mißbrauchten, geschundenen Sprache ausgegangen war.

Da schrieb der Schreiber des Sohar
und öffnete der Worte Adernetz
und führte Blut von den Gestirnen ein,
die kreisten unsichtbar, und nur
von Sehnsucht angezündet.

Des Alphabetes Leiche hob sich aus dem Grab,
Buchstabenengel, uraltes Kristall,
mit Wassertropfen von der Schöpfung eingeschlossen,
...[47]

43 zitiert in: Das Buch der Nelly Sachs, hrsg. von Bengt Holmqvist, Suhrkamp, Frankfurt/Main, 1968, S. 50
44 Hilde Domin, Nachwort zu ihrer Gedichtauswahl Nelly Sachs, Frankfurt/Main, Suhrkamp, 1977
45 Gedichtzeile aus dem Gedicht «Die Tänzerin» aus dem Band «In den Wohnungen des Todes», in: Fahrt ins Staublose, Frankfurt/Main, Suhrkamp, 1961, S. 37
46 siehe dazu auch Gisela Dischner, Das verlorene und wieder gerettete Alphabet, in: Nelly Sachs zu Ehren, a. a. O., S. 107–142
47 in unserer Auswahl, S. 68

Mit dem Zyklus «Fahrt ins Staublose» (1961) begann etwas Neues, zurückgehend auf jene furchtbaren Verfolgungsängste. Nelly Sachs begann, in ihrer tiefen Erschöpfung, zwischen Leben und Sterben, sich innerlich auf diese «Fahrt», dieses Hinübertreten ins Unbekannte vorzubereiten, und ging diesen Weg, den sie als einen Weg ins Transzendente verstand, auch in ihrer Dichtung mit – ein kühnes Experiment der damals Siebzigjährigen!

...
da auf dem Papier
das sterbend singt

Es war
am Anfang
      Es war
           Geliebter
                  Es war –[48]

Das Gedicht bricht mit einem symbolischen Gedankenstrich ab, es läßt sich nicht weitersprechen, der Grenzübertritt ins «Staublose» wird angedeutet.[49]

Der Zyklus «Noch feiert Tod das Leben» (1961) entstand im Krankenhaus, nach dem Zusammenbruch. Es sind Meditationen über das Werden und Vergehen, innere Vorbereitung auf das eigene Sterben, Gedichte über die Kranken, Altersschwachen, Geistesgestörten auf ihrer Station, den «versteinerten Engel», die «Schneeblume gestützt am Stab/der vor Heimweh mit ihr wandern muß ...», deren zu Ende gehende Leben Nelly Sachs ehrfurchtsvoll und unvergleichlich einfühlend poetisch nachzeichnete. Es gibt wenig oder nichts Vergleichbares in der Literatur.

Die Gedichtbände «Glühende Rätsel» (1963–68) und «Teile dich Nacht» (1961–70) gehören zum großen Alterswerk der Dichterin, sie sind der Krankheit[50], Erschöpfung und Todessehnsucht abgerungen. Es sind Gedanken über Leben und Tod, Ahnungen von Geheimnissen des Universums, es sind die alltäglichen Wahrnehmungen einer von diesem Leben Abschied nehmenden Frau, sind Visionen, Gespräche mit den Toten. Unfaßbar blieb ihr, die ein Leben lang über das Phänomen des Bösen meditiert hatte, daß die Erde, von der sie ging, voll Bedrohung und Gewalt bleiben würde – «der Holunder steht unter den Waffen» ...[51]

Nelly Sachs hat sich und ihrer Sprache alles abgerungen. Schon nicht mehr ganz den Lebenden zugehörig und noch nicht den Toten, versuchte sie am Ende, Visionen einer «Sprache des enthüllten

---

48 ebenda, S. 103
49 siehe dazu Gisela Bezzel-Dischner, Zur Poetik des modernen Gedichts, Zur Lyrik von Nelly Sachs, Verlag Gehlen, Bad Homburg v. d. H., Berlin, Zürich, 1970, S. 21
50 dem Zusammenbruch mit anschließend dreijährigem Aufenthalt in Krankenhäusern und Sanatorien (1960–1963) folgten 1967 ein Herzanfall und 1969 die Operation eines Krebsleidens, die starke Schmerzen bis ans Lebensende der Dichterin nach sich zogen
51 in unserer Auswahl, S. 190

Staubes»⁵² als Botschaft zu hinterlassen. Hochkonzentriert, entstehen Gedichte, die immer verknappter werden,⁵³ die ins Schweigen eintreten, meist endend mit einem symbolischen Gedankenstrich, andeutend «Diese Felder aus Schweigen/unbetretbar» ...⁵⁴

Atemberaubendes entsteht. Eins ihrer letzten Gedichte – ein Vermächtnis:

IHR MEINE TOTEN
Eure Träume sind Waisen geworden
Nacht hat die Bilder verdeckt
Fliegend in Chiffren eure Sprache singt

Die Flüchtlingsschar der Gedanken
eure wandernde Hinterlassenschaft
bettelt an meinem Strand

Unruhig bin ich
sehr erschrocken
den Schatz zu fassen mit kleinem Leben

Selbst Inhaber von Augenblicken
Herzklopfen Abschieden
Todeswunden
wo ist mein Erbe

Salz ist mein Erbe⁵⁵

Es ist nicht Sinn dieses Nachwortes, eine Interpretation der Dichtung von Nelly Sachs anzubieten⁵⁶ – seine Aufgabe ist eher die einer Begleitung beim Erleben der Gedichte und der graphischen Arbeiten von Günter Tiedeken.

Unserer Auswahl liegen die beiden Bände «Fahrt ins Staublose» und «Suche nach Lebenden» zugrunde, die beim Suhrkamp-Verlag 1961/71 erschienen und die uns für diese Auswahl freundlich überlassen wurden. Wir haben die uns wertvollsten Gedichte aus jeder der einzelnen Schaffensphasen der Dichterin herausgesucht, wir bekennen uns zur Subjektivität unserer Sicht und sind uns bewußt, daß jede Auswahl aus einem Gesamtwerk Grenzen zieht und hat.

Die «Sehnsuchtsstunde des Staubes» – dieser Augenblick Ruhe zwischen einem Nicht mehr und einem Noch nicht – ist eines der Hauptmotive bei der Auswahl dieser Gedichte geworden, ein weiteres waren die «Wegweiser ins Ungesicherte»,⁵⁷ war dieses Tasten ins Ungestalte, Ungedachte.

In den Gesprächen, die Günter Tiedeken und ich bei der Auswahl der Gedichte führten, tauchte immer wieder das Wort «Lebensbuch»

---

52 siehe unsere Auswahl, S. 136
53 einzige Ausnahme ist der Zyklus
Die Suchende (1966)
54 Gedichtzeile aus dem Band «Teile dich Nacht», in: Suche nach Lebenden.
Die Gedichte der Nelly Sachs. Herausgegeben von Margaretha und Bengt Holmqvist, Frankfurt/Main, Suhrkamp, 1971
55 in unserer Auswahl, S. 183
56 Das ist bereits in beachtlichen Analysen und Interpretationen, wie z. B. denen von Bahr, Kerstan, Lagercrantz, Michel, Sager geleistet worden, weitere müssen und werden folgen.
57 siehe unsere Auswahl, S. 28

auf. Wir nannten die Dichtung der Nelly Sachs ein Lebensbuch, unergründlich, voll Geheimnis und Lebensweisheit, ein Spätwerk, das sich einem gelegentlichen Durchlesen sperrt, das Versenkung braucht. Von unterschiedlichen Seiten herkommend, trafen wir uns genau hier. Und wir teilten eine Faszination für diese unbändige, hochexplosive Sprache, die, aus der Sehnsuchtssprache der Romantik auftauchend, sich aufbäumt, auseinanderbirst und, gegen Ende hin, sich und der Sprache alles abverlangend, ihren eigenen Weg ins Schweigen mitvollzieht.

Nicht wenige, die über die Dichtung von Nelly Sachs schrieben, betonen das Trennende zwischen der eigenen und der mystischen Welt-Anschauung der Dichterin – dabei zeigt unsere Art der Welt-Aneignung uns längst ihre Grenzen. Wir sind angewiesen auf möglichst viele andere Welt-Bilder.

In ewigem Ungenügen uns aufreibend, lassen wir uns tragen, einige Augenblicke/ein Leben lang, von dieser Idee eines Eingebettetseins in das universale Stirb und Werde. Und wir gehen mit Nelly Sachs von den Dingen zu den Worten und von diesen zu den Buchstaben und Zeichen, und wir lauschen in die Stille, bis sie aufhört, Stille zu sein.

Günter Tiedeken (Jahrgang 1932), Maler und Lehrer an der Hochschule für Bildende Künste Dresden, ist dem nachgegangen.

Die 31 für dieses Buch ausgewählten graphischen Arbeiten und das Titelbild entstanden etwa zwischen 1988 und 1990, in mehreren Schaffensphasen. Sie bilden nur einen Teil sämtlicher Aquarell-, Dammer- und Pigmentarbeiten des Malers zu Nelly Sachs. Die Formate liegen zwischen 600 mm x 725 mm und 1120 mm x 795 mm.

Irgendwann hat der Maler Günter Tiedeken wahrgenommen, daß vor langer Zeit gelesene Gedichte von Nelly Sachs unbewußt in ihm weitergeschwungen haben, daß Bilder entstanden waren, die mit ihr zu tun hatten. Eine innere Nähe zu der Dichterin wurde ihm bewußt; dieses ähnlich hochempfindliche Gespür für die inneren und äußeren Gefährdungen von Menschen in dieser Zeit. Es mußte Japanpapier sein, das – verletzlich, zart, im Prozeß des Schaffens Struktur und Substanz verändernd – ganz elementar von Verwandlung spricht, auch von Gefährdung, von Selbstzerstörung, bei dieser qualvollen Suche nach Antwort, nach Absolutem. Das Gestaltwerdende hat dieses Suchende der Bewegung, streng, düster, heftig, immer knapper werdend, auf diesem Weg gemeinsam mit der Dichterin von den Dingen zu den Zeichen.

Dresden, im März 1991   Andrea Siegert

BIBLIOGRAPHIE

WERKE VON NELLY SACHS

Legenden und Erzählungen, Berlin, F. W. Mayer-Verlag, 1921

In den Wohnungen des Todes, Gedichte, Berlin, Aufbau-Verlag, 1947

Sternverdunkelung, Gedichte, Amsterdam, Wien, Berman-Fischer, Querido-Verlag, 1949

Eli. Ein Mysterienspiel vom Leiden Israels, Malmö, Forssell, 1951

Leben unter Bedrohung, Prosa, in: Ariel H. 3/1956, S. 19, Darmstadt, 1956

Und niemand weiß weiter, Gedichte, Hamburg, München, Ellermann, 1957

Flucht und Verwandlung, Gedichte, Stuttgart, Deutsche Verlags-Anstalt, 1959

Der magische Tänzer. Versuch eines Ausbruchs. Ein lyrisches Spiel, in: Hortulus 41, 1959, S. 138 – 145

Fahrt ins Staublose. Die Gedichte der Nelly Sachs, Frankfurt/Main, Suhrkamp, 1961

Zeichen im Sand. Die szenischen Dichtungen der Nelly Sachs, Frankfurt/Main, Suhrkamp, 1962

Ausgewählte Gedichte, mit einem Nachwort von Hans Magnus Enzensberger, Frankfurt/Main, Suhrkamp, 1963

Das Leiden Israels, Eli, In den Wohnungen des Todes, Sternverdunkelung, mit einem Nachwort von Werner Weber, Frankfurt/Main, Suhrkamp, 1964

Glühende Rätsel, Gedichte, Teil I und II, Frankfurt/Main, Insel-Verlag, 1964

Späte Gedichte, Frankfurt/Main, Suhrkamp, 1965

Die Suchende, Gedichtzyklus, Frankfurt/Main, Suhrkamp, 1966

Landschaft aus Schreien, Ausgewählte Gedichte, Berlin, Aufbau-Verlag, 1966

Simson fällt durch Jahrtausende und andere szenische Dichtungen, München, Deutscher Taschenbuch-Verlag, 1967

Wie leicht wird Erde sein. Ausgewählte Gedichte mit einem Nachwort von Werner Grau, Gütersloh, Bertelsmann-Lesering, 1967

Das Buch der Nelly Sachs, hrsg. von Bengt Holmqvist, Frankfurt/Main, Suhrkamp, 1968

Nur eine Weltminute, Szenenfragment, in: Aus aufgegebenen Werken, S. 143 – 147, Frankfurt/Main, Suhrkamp, 1968

Verzauberung, späte szenische Dichtungen, Frankfurt/Main, Suhrkamp, 1970

Teile dich Nacht. Die letzten Gedichte, hrsg. von Margaretha und Bengt Holmqvist, Frankfurt/Main, Suhrkamp, 1971

Suche nach Lebenden. Die Gedichte der Nelly Sachs, Bd. 2, hrsg. von Margaretha und Bengt Holmqvist, Frankfurt/Main, Suhrkamp, 1971

30 Briefe von Nelly Sachs aus den Jahren 1946 – 1958, ausgewählt und mit Anmerkungen versehen von Manfred Schlösser, in: Walter A. Berendsohn, Nelly Sachs, Einführung in das Werk der Dichterin jüdischen Schicksals, Darmstadt, Agora Verlag, 1974

Elf Briefe an Shin Shalom, in: Literatur und Kritik, 118, 1977, S. 449 – 453

Gedichte, hrsg. und mit einem Nachwort versehen von Hilde Domin, Frankfurt/Main, Suhrkamp, 1977

Briefe der Nelly Sachs, hrsg. von Ruth Dinesen und Helmut Müssener, Frankfurt/Main, Suhrkamp, 1984

Fahrt ins Staublose, Gedichte, Frankfurt/Main, Suhrkamp, Taschenbuch, 1988

ÜBERSETZUNGEN SCHWEDISCHER LYRIK

Von Welle und Granit, Querschnitt durch die schwedische Lyrik des 20. Jahrhunderts, übersetzt und zusammengestellt von Nelly Sachs, Berlin, Aufbau-Verlag, 1947

Aber auch diese Sonne ist heimatlos, Schwedische Lyrik der Gegenwart, übersetzt und ausgewählt von Nelly Sachs, Darmstadt, Büchner, 1956

Edfelt, Johannes, Der Schattenfischer, Gedichte, übertragen und herausgegeben von Nelly Sachs, Düsseldorf und Darmstadt, Büchner, 1958

Ekelöf, Gunnar, Poesie, schwedisch-deutsch, hrsg. von Hans-Magnus Enzensberger, übersetzt von Nelly Sachs, Frankfurt/Main, Suhrkamp, 1962

Lindegren, Erik, Weil unser einziges Nest unsere Flügel sind, Gedichte, schwedisch-deutsch, ausgewählt und übersetzt von Nelly Sachs, Neuwied, Luchterhand, 1963

Venneberg, Karl, Poesie, schwedisch-deutsch, übersetzt von Nelly Sachs und Hans-Magnus Enzensberger, Frankfurt/Main, Suhrkamp, 1965

Schwedische Gedichte, ausgewählt und übersetzt von Nelly Sachs, Neuwied, Luchterhand, 1965

GEDICHTAUSWAHL

IN DEN WOHNUNGEN DES TODES

O die Schornsteine / 5
Wer aber leerte den Sand aus euren Schuhen / 6
Lange haben wir das Lauschen verlernt / 7
Vielleicht aber braucht Gott die Sehnsucht / 8
Im Morgengrauen / 11
Deine Augen, o du mein Geliebter / 12
Die Tänzerin / 15
Chor / 16
Chor der Geretteten / 17
Chor der Wandernden / 21
Chor der Steine / 22

STERNVERDUNKELUNG

Auf daß die Verfolgten nicht Verfolger werden / 24
Abraham / 28
Daniel, Daniel / 30
David / 34
Land Israel / 35
Die ihr in den Wüsten / 37
O meine Mutter / 38
Wenn der Tag leer wird / 41
Wohin o wohin / 42
Chassidische Schriften / 43
Zuweilen wie Flammen / 47
Schmetterling / 48
Im Lande Israel / 49
Völker der Erde / 50

UND NIEMAND WEISS WEITER

Das ist der Flüchtlinge Planetenstunde / 53
Gebogen durch Jahrtausende / 54
In der blauen Ferne / 56
Bereit sind alle Länder aufzustehn / 59
Chassidim tanzen / 60
Abraham der Engel / 61
Immer noch Mitternacht auf diesem Stern / 65
Mutterwasser Sintflut / 66
Da schrieb der Schreiber des Sohar / 68
Die Stunde zu Endor / 71
Landschaft aus Schreien / 76
Nachdem du aufbrachst / 80
Ich habe dich wiedergesehn / 83

FLUCHT UND VERWANDLUNG

Dies ist der dunkle Atem / 84
Wie leicht wird Erde sein / 86
In der Flucht welch großer Empfang / 87
Zwischen deinen Augenbrauen / 88
Aber vielleicht haben wir vor Irrtum Rauchende / 91
Wie viele Heimatländer / 93
Ende aber nur in einem Zimmer / 94
So rann ich aus dem Wort / 97

FAHRT INS STAUBLOSE

Wer von der Erde kommt / 98
Mund saugend am Tod / 100
Vergebens / 103
Der Umriß / 104

NOCH FEIERT TOD DAS LEBEN

Der versteinerte Engel / 106
Vor meinem Fenster / 107
Diese Schneeblume gestützt am Stab / 108
Sehr leise im Kreislauf / 111
Noch feiert der Tod das Leben / 112
Anders gelegt die Adern / 113
Und die blindgewordenen Leiber / 114
Die Urkunde vor mir aufgeschlagen / 117
Und wundertätig ist der Geist der Luft / 118
Eine Negerin lugt / 119
Hängend am Strauch der Verzweiflung / 120
Die gekrümmte Linie des Leidens / 123
Diese Kette von Rätseln / 124

GLÜHENDE RÄTSEL

Diese Nacht / 125
Auf und ab gehe ich / 126
Lichterhelle kehrt ein in den dunklen Vers / 129
Diese Telegrafie / 130
Die Betten werden für die Schmerzen
    zurechtgemacht / 131
Wenn ich die Stube beschützt mit Krankheit / 132
Schnell ist der Tod aus dem Blick geschafft / 135
Gesichte aus Dämmerung / 136
Immer ist die leere Zeit / 139
Alle Länder haben unter meinem Fuß / 140
Im Meer aus Minuten / 141
So tief bin ich hinabgefahren / 142
Immer noch um die Stirn geschlungen / 145
Hölle ist nackt aus Schmerz / 146
In meiner Kammer / 149
Bin ich der Fremde / 150
Nicht Hier noch Dort / 151
Ich schreibe dich / 152
Verzweiflung / 155
Die Musik / 156
Immer auf der schiefen Ebene / 157
Von der gewitternden Tanzkapelle / 158

TEILE DICH NACHT

Weiß im Krankenhauspark / 164
Jeden Tag / 167
Auferstanden / 168
Abend in die Knie / 169
Da / 170
Was siehst du Auge / 173
Und reden quer / 174
Wo wohnen wir / 175
Nicht mit Zahlenschwertern / 176
Da liegst du / 177
Traum / 178
Was für Umwege / 182
Ihr meine Toten / 183
Teile dich Nacht / 184
Nicht sehn zwei dasselbe / 185
Suche nach Lebenden / 186
Der Sumpf der Krankheit / 193

Nachwort / 195

Bibliographie / 208

© für die Gedichte bei Suhrkamp Verlag
Frankfurt/Main
© für die grafischen Arbeiten, Auswahl und Nachwort
bei Verlag der Kunst Dresden 1991

ISBN 3-364-00254-1

Verlag der Kunst Dresden 1991
Das Buch erscheint aus Anlaß des hundertsten
Geburtstages von Nelly Sachs
mit freundlicher Genehmigung des Suhrkamp Verlages
und Förderung von «Bildkunst», Bonn
Die Buchgestaltung besorgte Horst Schuster
Die Offsetreproduktionen erfolgten nach
Farbaufnahmen von Winfried Melzer
An der Herstellung des Buches sind beteiligt
Typostudio SchumacherGebler Dresden
(Satz aus der TYPOART-Garamond-Antiqua)
Jütte-Druck GmbH. Leipzig
(Offsetreproduktionen und Druck)
Kunst- und Verlagsbuchbinderei GmbH. Leipzig (Bindearbeit)
Printed in Germany

Limitierte Ausgabe in 999 Exemplaren
99 Exemplare sind von 1 bis 99 numeriert
und enthalten eine signierte Lithografie
von Günter Tiedeken